岩﨑啓子

せいろ蒸し大全

河出書房新社

せいろがあれば、
あんなこと、
こんなこと

せいろでたくさんの
美味しいを蒸しましょう

せいろで蒸すこと、それは美味しくて、感動的で、驚きに満ちています。

蒸気で加熱する「せいろ蒸し」は、鍋を使った蒸し料理とは一味異なります。

蒸気があふれるせいろの中は100℃以上になることはありません。

それはつまり、焦げる心配がないということ。

素材に負担をかけず、美味しさも栄養分も逃さない調理法だということ。

野菜は甘味を増し、肉や魚はいっそう風味を深めます。

蒸気がじっくりじんわりと、素材の旨味を引き出してくれます。

せいろは特別な道具ではありません。

台所の傍らに置けば、毎日の食事を楽しく豊かにしてくれます。

せいろに直接素材を入れて蒸したり、器を使ったり、重ねて蒸して献立にしたり。

定番の蒸し料理が充実することは請け合い。

炒め物や焼き物と思っていた料理も、せいろで蒸せば

定番とは違う個性をまとった「我が家の料理」へと多彩に変化します。

「せいろ蒸し」がレパートリーを大いに広げてくれることは確実です。

さあ、せいろを使いこなしてみませんか？

せいろの基本

買い方と大きさ

せいろは「身」と「ふた」が別売りになっていることがほとんどで、サイズもさまざま。「大は小を兼ねる」ので大きいものがおすすめですが、まずは手持ちの鍋の直径を測ってから買い求めましょう。せいろが大きすぎると、加熱したときにまわりが焦げてしまうし、うまく蒸気がまわりません。小さいと鍋の中に落ちてしまって使えません。目安としては、直径21cm程度のものが2人分くらいにちょうどいい大きさです。

使いはじめ

鍋にたっぷりの湯を沸かし、せいろをのせて15分ほど「から蒸し」します。すると、せいろが汗をかいて色が濃くなってきます。これは木のあく、汚れやほこりが浮いてきた証拠。新品独特のにおいも気にならなくなります。

お手入れ

・汚れが乾く前に水洗いしましょう。
・洗剤や漂白剤は使わないように。
・風通しのいい場所で乾かし、保管しましょう。

座りのいい鍋で蒸す

鍋の中にはたっぷりの水を入れたいから、せいろが鍋の上のほうで安定するのが理想的。せいろがぴったり収まる専用鍋はもちろん、手持ちの鍋、中華鍋や深型のフライパンなどでも大丈夫です。手持ちの鍋なら、底から口に向かって広くなっているものがおすすめ。寸胴形のまっすぐな鍋なら、直径がせいろとぴったりサイズのものなら使えます。

中華鍋

専用鍋

寸胴形の鍋

水の量

鍋にせいろを重ねて、せいろの底にギリギリ水がつかないくらいが適量です。少なすぎると蒸気の量が少なかったり、途中で湯が足りなくなったりすることも。逆に多すぎると、沸き上がった湯がせいろの中に入ったりするので注意。また、湯が少なくなったら、湯を足しましょう。水を足してしまうと、せっかくの蒸気が台無しです。

蒸気が上がったら、せいろをのせる

せいろ蒸しは蒸気で調理する方法。蒸気がしっかりと上がってきてから、せいろをのせ、必ずふたをして蒸しはじめます。素材を蒸気で包み込むから、旨味をぎゅっと閉じ込めて、しっとり、やわらかに仕上がるのです。

火加減

蒸気が上がるまでは強火で。せいろをのせてからは、常に中火。蒸気が一定に上がる状態をキープする火加減で加熱します。本書ではメニューによってとくに指定がない限り、火加減はこのルールです。

CONTENTS

せいろがあれば、あんなこと、こんなこと……2-3

重ねて、並べて、一度に3品蒸しあがる！……68-69

せいろの基本……4-5

この本のきまり……10

【第1章】

せいろ1段で蒸す

トマトの肉詰め蒸し……12-13

ざく切りキャベツ……14

なすの中華香味だれ……15

塩蒸し卵……16

パプリカのキッシュ風……17

塩豚……18

いろいろ野菜のバーニャカウダソース……19

えび餃子……20

三色焼売……21

肉まん……22-23

シャキシャキ青野菜……24

とうもろこしと枝豆……25

かぼちゃのクリームグラタン……26

ほっくりおいも蒸し……27

蒸しねぎの粒マスタードあえ……28

蒸し鶏のねぎ塩柚子こしょう……29

【第2章】

器を入れて蒸す

蒸し麻婆豆腐……32-33

豚肉の黒ごま蒸し……34

鯖の香り味噌蒸し……35

白身魚と帆立の紙包み蒸し……36

かぼちゃとえびの
ココナッツカレー蒸し……37

鶏胸肉のレモンクリーム蒸し……38

いさきのアクアパッツァ風……39

豆腐のえびサンド蒸し……40

鶏もも肉の梅じょうゆ蒸し……41

豆乳茶碗蒸し……42-43

いかのエスニック蒸し……44

鶏手羽先と大豆、ザーサイの中華蒸し……45

ズッキーニとたこのガーリック蒸し……46

スペアリブの黒酢蒸し……47

【第3章】
せいろを重ねて蒸す

| 鮭のせ梅蒸しご飯……50-51
きのこと生揚げのおかかあえ

| 中華風混ぜご飯……52-53
なすと豚肉のカレーオイスター風味

| 花巻……54-55
牛肉とにんにくの茎の辛味噌蒸し

| うなぎの蒸し寿司……56-57
あさりとかぶのしょうが蒸し

| トマトシチュー……58-59
クスクス
えびのワイン蒸し

| コーンとベーコンの蒸しパン……60-61
鮭のアボカドマヨネーズ

| たっぷり野菜の和風そば……62-63
金目鯛の煮魚風

| エスニック蒸しそば……64-65
鶏ひき肉のスープ

| 肉味噌うどん……66-67
帆立と白菜のスープ煮

【第4章】
一度に3品蒸す！
ヘルシー献立

| けんちん汁……72-73
蒸し餅
野菜の甘酢蒸し

| ねぎ花巻……74-75
蒸し豚の香味味噌
青梗菜としいたけの山椒塩

| カレー南蛮……76-77
蒸しうどん
豆腐とクレソンのサラダ

| 鰆のとろろかけ……78-79
きのこご飯
白菜と油揚げの蒸し煮

| 豆腐焼売……80-81
さつまいもご飯
蒸しかぶサラダ

| 韓国風茶碗蒸し……82-83
鶏飯
もやしとにんじんのナムル

| チリビーンズ……84-85
コーンパン
野菜のレモンオイル蒸し

【第5章】
おかず3品、一度に蒸す

小松菜の和風餃子……88-89
こんにゃくのおかかじょうゆ
キャベツのごま味噌かけ

なすのトマト煮……90-91
帆立とブロッコリーのオリーブ蒸し
豚肉と生ハムの重ね蒸し

鶏肉のトマトチーズ蒸し……92-93
ズッキーニのアンチョヴィ蒸し
きのこのオイルマリネ

れんこん饅頭……94-95
トマトのだし煮
生揚げのねぎじょうゆ蒸し

にんじんサラダ……96-97
スモークチーズときのこのキッシュ
セロリのコンソメスープ

いかのコチュジャン蒸し……98-99
せん切りじゃがいものたらこバター
青梗菜のおかか蒸し

【第6章】
デザートつき献立

鰤の柚子あんかけ……102-103
野菜蒸しご飯
栗蒸しようかん

ロールキャベツ……104-105
ジャーマンポテト
蒸しりんご

豚肉のトマトバルサミコ酢蒸し……106-107
キャベツとあさりのレモン蒸し
プリン

鶏肉のコーンクリーム蒸し……108-109
トマトスープ
オレンジのコンポート

鱈のねぎ蒸し……110-111
カリフラワーの梅蒸し
抹茶饅頭

蒸し鶏の中華ごまだれ……112-113
青野菜のオイスターソース蒸し
レモン求肥

【第7章】
オイル蒸し献立

鮭のバターじょうゆ蒸し……**116-117**
卵おかかご飯
れんこんといんげんの柚子こしょう味噌

麻婆なす……**118-119**
ごぼうと牛肉のきんぴら
里いもサラダ

鯵のガーリックオイル……**120-121**
アスパラのバター蒸し
スナップえんどうとわかめの卵とじ

えびのオーロラソース……**122-123**
蒸しフォカッチャ
蒸しピクルス

豚肉とにんにくの茎のキムチ蒸し……**124-125**
なすのナムル
わかめスープ

手羽先の香味じょうゆ蒸し……**126-127**
スワンラータン
香味ラーメン

\ お料理基本レッスン /

火加減／調味料のはかり方……**30**
基本の切り方……**48**
せいろの中の組み合わせ……**70**
料理のことば その1……**86**
料理のことば その2……**100**
料理のことば その3……**114**

この本のきまり

＊材料表のg数は、とくにことわりがない限り、廃棄分（皮や種、芯など）を含んだ重量です。
＊だし汁はかつお節と昆布で取ったものを使用しています。市販のだしの和風だしの素を使っても構いません。
＊写真は材料の表記通りとは限りません。

せいろについて

材料は2人分ですが、2人分をまとめて蒸したり、1人分ずつに分けて蒸したりもしています。
大は小を兼ねるので、大きいせいろなら一度に蒸せますし、小さいものなら2段に分け、材料を
半分ずつ蒸すこともできます。

器について

器ごと入れて蒸すレシピでは、陶磁器、耐熱ガラス、プラスチック、ステンレス、アルミなど、耐熱性容器を使用します。液体の調味料が多いレシピでは、深めの器を使います。また、底が平らな器で蒸す場合は、底に割り箸を敷きます。そうすることで器の下にも蒸気がまわり、まんべんなく加熱することができます。

背の高い器で蒸すときの裏技

器に高さがあって、ふたが閉まらないときの裏技です。下段のせいろは上向きに置き、背の高い器を入れ、下向きにせいろを重ね、ふたをのせます。

第 1 章

せいろ 1 段で蒸す

蒸気が充満するせいろの中は100℃以上になることはありません。
ですから焦げる心配もなく、素材に負担をかけず、
美味しさも栄養分も逃しません。
まずはシンプルに素材の豊かさを楽しんでみましょう。
本章のレシピはせいろに直接、または
ペーパーなどを敷いて素材をのせ、蒸します。
ふたをして待てば、蒸気がじんわりと素材を包んで、

トマトの肉詰め蒸し

甘みたっぷり、酸味の効いたトマトに肉汁が染み込んで美味。
トマトは堅めのものを選ぶと、蒸しても形くずれしにくくなります。

材料（2人分）
トマト（堅いもの）………… 小4個
塩・こしょう（トマト用）… 各少量
合いびき肉……………… 150g
玉ねぎ………………… 30g
にんにく……………… 少量
A┌塩……………… 小さじ⅙
 │ナツメグ・こしょう … 各少量
 │卵……………… ¼個
 │パルメザンチーズ
 └……………… 大さじ½
バジル………………… 適量

作り方
1. トマトはへたのある底の部分を1cmくらい切り、中身をくり抜く（a）。内側に塩、こしょうをする。
2. 玉ねぎ、にんにくはみじん切りにする。合いびき肉、Aと混ぜ合わせる。
3. 2の肉だねを4等分して**1**に詰め、せいろに並べる。
4. 鍋にたっぷりの水を入れて強火にかける。蒸気が上がったら**3**をのせてふたをし、12〜13分蒸す。蒸し上がったら、バジルを添える。

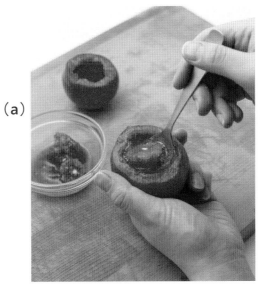

（a）

スプーンや細いナイフなどを使って中身をくり抜く。破れないように慎重に。

ざく切りキャベツ

肉厚でやわらかい春キャベツも、
甘みが強い寒玉も、さっと蒸してごちそうに。
粉山椒が隠し味のたれが絶品。
キャベツの甘みを引き立てます。

材料 (2人分)
キャベツ………………………… ¼個
[たれ]
赤唐辛子………………………… 1本
しょうゆ………………………… 大さじ1
酢………………………………… 小さじ1
粉山椒…………………………… 少量

作り方
1. キャベツは大きめのざく切りに
し、せいろに入れる。
2. 鍋にたっぷりの水を入れて強火
にかける。蒸気が上がったら**1**をの
せてふたをし、3分蒸す。たれをつ
けていただく。

[たれ]
赤唐辛子は輪切りにする。しょうゆ、
酢、粉山椒を混ぜ合わる。

なすの中華香味だれ

独特の旨味が増して、ふんわりと蒸し上がるなす。
中華風のたれがよく合って、
いくつでも食べられそうな美味しさです。

材料（2人分）
なす……………………………… 4個
[たれ]
大葉……………………………… 4枚
しょうが（薄切り）…………… 1枚
にんにく…………………………… 少量
赤唐辛子………………………… ¼本
A ┌ すりごま…………… 小さじ½
　│ しょうゆ…………… 大さじ1
　│ 酢………………… 小さじ1
　│ 砂糖……………… 小さじ¼
　└ ごま油…………… 小さじ½

作り方
1. なすはへたを切り、せいろに入れる。
2. 鍋にたっぷりの水を入れて強火にかける。蒸気が上がったら**1**をのせてふたをし、13分蒸す。
3. **2**を縦に2〜4等分に裂いて皿に盛り、たれをかける。
[たれ]
大葉、しょうが、にんにくはみじん切り、赤唐辛子は輪切りにする。Aと混ぜ合わせる。

材料（2人分）
卵……………………………… 4個
塩……………………………… 小さじ8
ペーパータオル…………… 4枚

作り方
1. ペーパータオルを水にぬらして
広げ、1枚に対して塩小さじ2をふ
る。塩は卵が包めるくらいの範囲に
まんべんなくふる。
2. 1で卵を包み、せいろに並べる。
3. 鍋にたっぷりの水を入れて強火
にかける。蒸気が上がったら2をの
せてふたをし、12分蒸す。
※12分だと固ゆで卵。加熱時間を
短くすれば半熟卵にも。

塩蒸し卵

ほんのり塩味がついて、
卵がほっくりと蒸し上がります。
殻がきれいにむけるのが、蒸し卵の不思議。

パプリカのキッシュ風

パプリカを器に見立ててキッシュにしてみました。
肉厚で濃厚なパプリカと、
ふわふわのキッシュだねが素敵なバランス。

材料（2人分）
赤パプリカ ……………………… 1個
塩・こしょう（赤パプリカ用）
………………………………… 各少量
卵 ……………………………………… 2個
ベーコン ………………………… 1枚
┌ 塩・こしょう ………… 各少量
A │ ナツメグ ………………… 少量
└ 生クリーム ………… 大さじ2
ピザ用チーズ ………………… 20g

作り方
1. 赤パプリカは半分に切って種とわたを取り、内側に塩、こしょうをする。
2. ベーコンはせん切りにする。ボウルに卵を割りほぐし、Aを加えて混ぜ、ベーコン、チーズを加えて混ぜ合わせる。
3. せいろにパプリカを置き、**2**を流し入れる。

4. 鍋にたっぷりの水を入れて強火にかける。蒸気が上がったら**3**をのせてふたをし、強火で3分蒸す。弱火にしてさらに12分蒸す。

塩豚

前日からの下ごしらえが必要です。蒸し時間も長めだけれど、そのぶん感動もひとしお。
蒸して加熱すると、しっとり、驚くほどやわらかに仕上がります。

材料（2人分）
豚肩ロースかたまり肉 ······ 500g
塩 ·························· 小さじ2
砂糖 ······················· 小さじ1
粗びき黒こしょう ············ 少量
ローリエ ··················· 1枚
粒マスタード ··············· 適量

作り方
★下準備
塩、砂糖、粗びき黒こしょうを混
ぜ合わせ、豚肉にすり込む。袋に
入れてローリエを加え、冷蔵庫で
一晩ねかせる。

1. 鍋にたっぷりの水を入れて強火
にかける。せいろにオーブンペー
パーを敷いて豚肉をのせる。蒸気
が上がったらせいろをのせてふた
をし、50分蒸す。
※加熱時間が長いので、鍋の湯が
少なくなったら湯を足す。
2. 蒸し上がったら薄切りにし、粒
マスタードを添える。

いろいろ野菜の
バーニャカウダソース

せいろの中でバーニャカウダソースを加熱できるのが合理的。
火の通りにくいじゃがいもは時間差で先に蒸し始めます。

材料（2人分）

じゃがいも	2個
かぶ	2個
にんじん	小½本
赤パプリカ	¼個
ブロッコリー	60g
[ソース]	
アンチョヴィ	4枚
にんにく	2かけ
オリーブ油	¼カップ
塩	小さじ⅕
こしょう	少量

作り方

1. にんにくはやわらかくなるまでゆでて裏ごす。アンチョヴィは細かくたたきつぶす。器にソースの材料をすべて入れ、混ぜ合わせておく。

2. じゃがいもはくし形に切り、せいろに入れる。

3. 鍋にたっぷりの水を入れて強火にかける。蒸気が上がったら**2**をのせてふたをし、20分蒸す。

4. じゃがいもを蒸している間に、かぶはくし形切り、にんじんは拍子木切り、パプリカは乱切りにし、ブロッコリーは小房に分ける。

5. じゃがいもが蒸し上がったら、せいろに**1**のソース、**4**の野菜を加えてふたをし、さらに3分蒸す。

えび餃子

プリプリに仕上がるえびは蒸し餃子にぴったり。
シンプルな組み合わせだからこそ、
蒸し料理の美味しさが際立ちます。

材料（2人分）

えび（むいて）	……………	100g
青梗菜	……………	1株
長ねぎ	……………	5cm
A	塩	小さじ⅛
	こしょう	少量
	酒	小さじ1
	しょうがの絞り汁	小さじ¼
	ごま油	小さじ½
餃子の皮	……………	12枚
酢、しょうゆ、ラー油など（好みで）		
	……………	各適量

作り方

1. 青梗菜はゆでてみじん切り、長ねぎもみじん切りにする。

2. えびは殻をむいて背わたを取り、細かくたたく。Aを混ぜ、**1**の青梗菜と長ねぎを加えて混ぜ合わせ、12等分に分ける。

3. 餃子の皮の周囲に水を塗り、12等分した**2**をのせる。片側の皮にひだを作りながら前後をはり合わせて包む。

4. せいろにオーブンペーパーを敷き、**3**を並べる。

5. 鍋にたっぷりの水を入れて強火にかける。蒸気が上がったら**4**をのせてふたをし、10分蒸す。好みで酢、しょうゆ、ラー油を合わせたたれでいただく。

三色焼売

キャベツやコーンをまぶすだけで、定番の焼売が華やかに。
見た目だけじゃなく、食感と風味も楽しいレシピ。

材料（2人分）

豚ひき肉……………………… 200g

A
- 塩………………………… 小さじ⅙
- こしょう ………………… 少量
- しょうゆ ………………… 小さじ1
- 酒………………………… 小さじ1
- 砂糖……………………… 小さじ⅔
- しょうがの絞り汁 … 小さじ½
- ごま油…………………… 小さじ1

玉ねぎ………………………………… ¼個
片栗粉（玉ねぎ用）……… 大さじ½
焼売の皮……………………… 6枚
キャベツ…………………………… ½枚
片栗粉（キャベツ用）…… 小さじ½
コーン（冷凍）………………… 50g
片栗粉（コーン用）……… 小さじ½
しょうゆ、練り辛子、酢（好みで）
………………………………………… 適量

作り方

1. 玉ねぎはみじん切りにし、片栗粉を混ぜ合わせる。

2. ボウルに豚ひき肉、Aを入れ、粘りが出るまで混ぜ合わせる。**1**の玉ねぎを加えてさらに混ぜ、12等分して丸める。

3. 焼売の皮はせん切りにする。キャベツはせん切りにし、片栗粉を混ぜ合わせる。コーンは解凍し、水気を拭いて片栗粉を混ぜ合わせる。

4. **2**の肉だねのまわりに焼売の皮、キャベツ、コーンをまぶす。コーンはつけてからしっかりと握る。

5. せいろにオーブンペーパーを敷き、**4**を並べる。

6. 鍋にたっぷりの水を入れて強火にかける。蒸気が上がったら**5**をのせてふたをし、10分蒸す。好みでしょうゆ、練り辛子、酢でいただく。

肉まん

皮からはじめる手作りの肉まんは、やはり絶品。
ジューシーな肉まんを頬張れば、せいろの中で旨味が増したのがわかります。

材料（4個分）

薄力粉	100g
ドライイースト	小さじ½
砂糖	大さじ½
塩	ひとつまみ
ぬるま湯	¼カップ弱
サラダ油	小さじ1
豚ひき肉	50g
白菜	½枚
しいたけ	½枚
長ねぎ（みじん切り）	大さじ½
┌しょうゆ	小さじ⅔
│オイスターソース	小さじ⅓
A│酒	小さじ½
│しょうがの絞り汁	小さじ¼
└塩・こしょう	各少量

作り方

1. ボウルに薄力粉をふるい入れ、ドライイースト、砂糖、塩を混ぜ、ぬるま湯、サラダ油を加えて混ぜ合わせる。表面がなめらかになるまでこね合わせ（a）、ラップをかけて（b）、暖かい場所に30〜40分置き、倍の大きさになるまで発酵させる。

2. 白菜はゆでてみじん切りにし、水気を絞る。しいたけはみじん切りにする。

3. 豚ひき肉、長ねぎ、**2**の白菜としいたけ、Aと混ぜ合わせる。4等分に分ける。

4. **1**の皮が発酵したら（c）、上から押して空気抜きをする（d）。棒状に伸ばして4等分に切る。麺棒か手で丸く広げ、伸ばす。

5. **4**に4等分した**3**をのせる。右手でひだを作りながら包み（e）、形をととのえる（f）。

6. せいろにオーブンペーパーを敷き、**5**を並べる。ふきんをかけ、15分くらい休ませる。

7. 鍋にたっぷりの水を入れて強火にかける。蒸気が上がったら**6**をのせてふたをし、10分蒸す。

（a）ボウルの底に押しつけるようにして、しっかりとこねる。

（b）きれいに丸めて使っていたボウルの中に入れ、ラップをかける。

（c）発酵させて倍の大きさに膨らんだところ。

（d）手のひらでぎゅうっと押して空気を抜く。

（e）左手に肉まんをのせ、右手で等間隔にひだを寄せていく。

（f）1周ぐるりとひだを作り、最後はひとまとめにしてしっかり包む。

材料（2人分）

小松菜……………………… 200g
アスパラガス ………………… 1束
オリーブ油 ……………… 大さじ½
塩・こしょう ……………… 各少量
[たれ]
バルサミコ酢 …………… 小さじ1
しょうゆ ………………… 小さじ1
レモンの絞り汁 ………… 小さじ2
粗びき黒こしょう ………… 少量

作り方

1. 小松菜は4cm長さに切る。アスパラガスは堅い部分を切り、はかまを切り取り、乱切りにする。
2. 1にオリーブ油、塩、こしょうを混ぜ合わせ、せいろに入れる。
3. 鍋にたっぷりの水を入れて強火にかける。蒸気が上がったら2をのせてふたをし、2～3分蒸す。たれをつけていただく。
[たれ]
材料をすべて混ぜ合わせる。

シャキシャキ青野菜

最初に油をまぶすのは、シャキシャキ感をキープするため。
さまざまな季節の青野菜でアレンジできるレシピです。

とうもろこしと枝豆

とうもろこしは薄皮をつけたまませいろへ。
薄皮がついたまま蒸すと旨味が逃げにくく、
いっそう甘く蒸し上がります。

材料（2人分）
とうもろこし …………………… 2本
枝豆 ……………………………… 150g
塩 ………………………………… 小さじ1

作り方
1. とうもろこしは薄皮を残して洗
う。枝豆は洗って塩を混ぜ合わせる。
2. せいろにとうもろこしを入れる。
3. 鍋にたっぷりの水を入れて強火
にかける。蒸気が上がったら**2**をの
せてふたをし、8分蒸す。枝豆を加
え、さらに5分蒸す。

かぼちゃの
クリームグラタン

大人も子どもも喜ぶかぼちゃのグラタン。
クリーミーなグラタンが美味しいのはもちろん、かぼちゃもほっこりしっとり。

材料（2人分）

かぼちゃ	小½個（横半分）
塩・こしょう（かぼちゃ用）	各少量
玉ねぎ	¼個
バター	大さじ1
小麦粉	大さじ2
牛乳	1½カップ
塩	小さじ⅙
こしょう	少量
マカロニ	40g
ハム	2枚
ピザ用チーズ	20g
パルメザンチーズ	小さじ1

作り方

1. かぼちゃは種とわたをスプーンで取り、内側に塩、こしょうをする。せいろに入れる。

2. 鍋にたっぷりの水を入れて強火にかける。蒸気が上がったら**1**をのせてふたをし、10分蒸す。

3. 玉ねぎはみじん切りにする。鍋にバターを溶かし、玉ねぎを炒め、さらに小麦粉を加えて弱火で焦がさないように炒め、牛乳を加えて混ぜ合わせる。中火から弱火でとろりとするまで混ぜながら煮、塩、こしょうを加える。

4. マカロニはゆでて水気をきる。ハムは1cm角に切る。

5. **3**に**4**、ピザ用チーズを加えて混ぜ合わせる。

6. **2**の下蒸しをしたかぼちゃに**5**を詰め、パルメザンチーズをふりかけ、さらに5分蒸す。

材料（2人分）
里いも……………………… 4個
さつまいも（好みで紫色も加えて）
………………………………… 2本
[味噌マヨネーズ]
味噌……………………… 大さじ½
マヨネーズ……………… 大さじ2
[シンプルバター]
バター…………………………… 適量

作り方
1. 里いもは表面をきれいに洗い、へたを少し切る。さつまいもは洗って半分に切る。里いも、さつまいもをせいろに入れる。
2. 鍋にたっぷりの水を入れて強火にかける。蒸気が上がったら**1**をのせてふたをし、20〜25分蒸す。

[味噌マヨネーズ]
材料を混ぜ合わせる。
[シンプルバター]
適当な大きさに切る。

ほっくり
おいも蒸し

おいも2種類の
ほっくりとした美味しさは想像以上。
皮つきのまま蒸して、
旨味をぎゅうっと閉じ込めます。

蒸しねぎの
粒マスタードあえ

甘みが増す旬の冬には、毎日でも食卓に並べたい。
たれを混ぜ合わせてからしばらくおいても、味が馴染んで美味しい。

材料（2人分）

長ねぎ………………………… 2本
[たれ]
粒マスタード ………… 小さじ1
練り辛子………………… 少量
酢……………………… 小さじ1
サラダ油………………… 小さじ2
塩……………………… 小さじ⅕
こしょう ………………… 少量

作り方

1. 長ねぎは3等分に切り、せいろ
に入れる。
2. 鍋にたっぷりの水を入れて強火
にかける。蒸気が上がったら**1**をの
せてふたをし、10分蒸す。粗熱が
とれたら3cm長さに切り、たれを
混ぜ合わせる。
[たれ]
材料をすべて混ぜ合わせる。

蒸し鶏のねぎ塩柚子こしょう

鶏肉を蒸すと、とにかくジューシーで
やわらかで感動的。
柚子こしょう風味の
ねぎ塩だれが
鶏肉にとてもよく合います。

材料（2人分）
鶏もも肉 …………………… 1枚
塩 ……………………… 小さじ¼
酒 ……………………… 小さじ1
長ねぎ（青い部分）………… 1本分
しょうが（薄切り）…………… 2枚
[たれ]
長ねぎ……………………… ¼本
塩 ………………………… 少量
柚子こしょう ………… 小さじ¼
サラダ油……………… 小さじ2

作り方
1. 鶏肉に塩、酒をまぶす。せいる
に長ねぎ、しょうがを敷き、鶏肉を
のせる。
2. 鍋にたっぷりの水を入れて強火
にかける。蒸気が上がったら**1**をの
せてふたをし、15分蒸す。粗熱が
とれたら切り分けて皿に盛り、たれ
をかける。
[たれ]
長ねぎはみじん切りにし、他の材
料と混ぜ合わせる。

火加減／調味料のはかり方

火加減

強火

炎が鍋底から外側に大きくはみ出さない程度のもっとも強い火。

中火

炎の先端が鍋底につくかつかないかくらいの火。

弱火

炎の先端が鍋底とガス口のちょうど中間くらいになる火。

調味料のはかり方

計量スプーンで塩や砂糖をはかる

小さじ1

山盛りにすくい、すりきり棒や箸でスプーンの縁をなぞるように、ゆっくりと平らにすりきる。

小さじ½

小さじ1をはかってから、すりきり棒などで真ん中に線を引き、半分をそっとかき出す。

小さじ⅓

小さじ½をはかってから、さらにその約1/3量をすりきり棒などでそっとかき出す。

［計量の単位］
大さじ1＝15ml
小さじ1＝5ml
1カップ＝200ml

■＝調味料（塩や砂糖など）

計量スプーンで液体をはかる

スプーンを水平に持ち、縁いっぱいに盛り上がるまでゆっくり注ぐ。

手ではかる

・（塩）ひとつまみ
親指、人差し指、中指の指先で軽くつまんだ量。約小さじ1/10。
・（塩）少々
親指と人差し指の指先で軽くつまんだ量。

重さをはかる

デジタル計量器なら、材料を置くだけで1g単位まで正確に表示される。計量は必ず平らな安定した場所で。

第 **2** 章

器を入れて蒸す

蒸し麻婆豆腐

炒めもののイメージがある麻婆豆腐を蒸すとは斬新。
ピリリと刺激的な中華の重鎮も、
蒸して加熱するとマイルドに仕上がるようです。

材料（2人分）

木綿豆腐……………………… 1丁

A ┬ 豚ひき肉……………… 100g
　├ 長ねぎ（みじん切り）
　│ ……………………… 大さじ2
　├ にんにく（みじん切り）
　│ ……………………… ½かけ分
　├ しょうが（みじん切り）
　│ …………… 薄切り1枚分
　├ 甜面醤………… 小さじ1½
　├ 豆板醤………… 小さじ½
　├ しょうゆ ……… 大さじ1⅔
　├ 酒……………… 大さじ1
　└ ごま油………… 小さじ2

粉山椒…………………………… 少量

作り方

1. 豆腐はペーパータオルに包んで水気をきる（a）。

2. 耐熱容器に**1**の豆腐を大きく割り入れる。

3. Aを混ぜ合わせる。**2**にかけ、せいろに入れる。

4. 鍋にたっぷりの水を入れて強火にかける。蒸気が上がったら**3**をのせてふたをし、10分蒸す。蒸し上がったら粉山椒をふる。

（a）

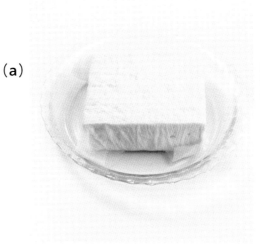

豆腐の水きりも味を左右する大切なプロセス。ペーパータオルに包んで5分ほどおき、水気をきる。

豚肉の黒ごま蒸し

きめ細かでやわらかい豚ヒレ肉に、濃厚な黒ごまペースト。
品のある風情は、おもてなしにもぴったりの一皿です。

材料（2人分）
豚ヒレ肉‥‥‥‥‥‥‥‥‥‥ 200g
しょうゆ・みりん ‥‥‥ 各小さじ½
　┌ 黒すりごま‥‥‥‥　大さじ3
A│ しょうゆ‥‥‥‥‥‥　大さじ¾
　└ 砂糖‥‥‥‥‥‥‥‥　大さじ½

作り方
1. 豚肉は1cm厚さに切り、しょうゆ、みりんを合わせて下味をつける。耐熱容器に並べ、せいろに入れる。
2. 鍋にたっぷりの水を入れて強火にかける。蒸気が上がったら**1**をのせてふたをし、5分蒸す。Aを混ぜ合わせて豚肉にのせ、さらに5分蒸す。

鯖の香り味噌蒸し

鯖と味噌。いつもは煮ものになる組み合わせですが、今回は香味の効いた味噌でせいろ蒸し。ふっくらコクがあって、脂の旨味が充満。新定番の予感がします。

材料（2人分）

鯖 …………………………… 2切れ

A
┌ しょうゆ …………… 小さじ½
│ 酒・しょうがの絞り汁
└ ……………… 各小さじ½

B
┌ 味噌 ………………… 大さじ1
│ みりん …………… 大さじ½
│ 砂糖 ………………… 小さじ¼
│ 長ねぎ（みじん切り）… 小さじ1
└ 七味唐辛子 ………… 少量

万能ねぎ（小口切り）………… ½本

作り方

1. 鯖はAを混ぜ合わせて下味をつける。

2. Bを混ぜ合わせておく。

3. 耐熱容器に**1**の鯖を入れ、せいろに入れる。

4. 鍋にたっぷりの水を入れて強火にかける。蒸気が上がったら**3**をのせてふたをし、5分蒸す。**2**の香り味噌を鯖に塗り、さらに5分蒸す。万能ねぎを散らす。

白身魚と
帆立の紙包み蒸し

器の代わりに、紙で包んでせいろの中へ。
海の香りとハーブの風味が冴える、滋味豊かな一皿です。

材料（2人分）

鱈	2切れ
帆立	2個
塩	小さじ⅕
こしょう	少量
レモン（輪切り）	2枚
タイム	少量
ディル	少量
バター	小さじ2

作り方

1. 鱈と帆立に塩、こしょうをする。
2. オーブンペーパーに鱈、帆立を置き、レモン、タイム、ディル、バターをのせ、きっちりと包む。
3. 鍋にたっぷりの水を入れて強火にかける。蒸気が上がったら**2**をのせてふたをし、10分蒸す。

かぼちゃとえびの
ココナッツカレー蒸し

かぼちゃもえびもエスニックソースを含んでしっとり。
せいろで蒸すと、短時間でも味わい深く仕上がります。

材料（2人分）
かぼちゃ………………… 150g
えび…………………………… 8尾
塩・こしょう …………… 各少量
A ┌ ココナッツミルク … ¼カップ
 │ グリーンカレーペースト
 │ …………………… 小さじ1
 └ ナンプラー………… 小さじ¼
香菜………………………… 適量

作り方
1. かぼちゃは薄めのくし形に切る。えびは殻をむいて背中を開き、背わたを取って塩、こしょうをする。
2. 耐熱容器に**1**のかぼちゃとえびを入れ、Aを混ぜ合わせてから加え、さらに混ぜ合わせる。せいろに入れる。

3. 鍋にたっぷりの水を入れて強火にかける。蒸気が上がったら**2**をのせてふたをし、15分蒸す。器に盛り、香菜を添える。

鶏胸肉のレモンクリーム蒸し

やわらかで淡白な鶏胸肉は、せいろで蒸すと味力を増します。
ほどよい酸味のクリーミーソースをまとって、しっとりやわらか。

材料（2人分）

鶏胸肉………………………	小2枚
塩（鶏胸肉用）…………	小さじ¼
こしょう（鶏胸肉用）………	少量
レモンの絞り汁…………	小さじ2
玉ねぎ………………………	¼個
マッシュルーム……………	6個
生クリーム………………	¼カップ
レモン（輪切り）……………	2枚
ローリエ……………………	1枚
塩・こしょう……………	各少量
チャービル（好みで）………	少量

作り方

1. 鶏胸肉は塩、こしょう、レモンの絞り汁を合わせて下味をつける。

2. 玉ねぎは薄切り、マッシュルームは石づきを切り取って半分に切る。

3. 耐熱容器に玉ねぎを敷き、塩、こしょうをする。鶏胸肉、マッシュルームをのせ、生クリームをかけ、レモンの輪切り、ローリエをのせる。せいろに入れる。

4. 鍋にたっぷりの水を入れて強火にかける。蒸気が上がったら**3**をのせてふたをし、20分蒸す。皿に盛り、チャービルを添える。

いさきのアクアパッツァ風

旨味を一滴も逃さない蒸し料理は、とびきりの美味しさ。
魚が主役のレシピだから、旨味たっぷりの旬の魚を選ぶのがおすすめです。

材料（2人分）
いさき……………………… 1尾
塩………………………… 小さじ⅙
こしょう ………………………… 少量
あさり…………………… 100g
にんにく ………………… 1かけ
ドライトマト ………………… 1枚
ミニトマト ………………… 3粒
グリーンオリーブ ………… 4粒
白ワイン …………… 大さじ2
オリーブ油…………… 大さじ1
ローリエ ………………………… 1枚
イタリアンパセリ(みじん切り)… 少量

作り方
1. いさきはうろこ、えら、内臓を取り除き、洗う。水気を拭き、塩、こしょうをする。
2. あさりは殻を洗う。にんにくはつぶす。ドライトマトはぬるま湯でもどし、粗みじん切りにする。
3. 耐熱容器に**1**のいさき、**2**、ミニトマト、グリーンオリーブを入れる。白ワイン、オリーブ油をかけ、ローリエをのせ、せいろに入れる。
4. 鍋にたっぷりの水を入れて強火にかける。蒸気が上がったら**3**をのせてふたをし、15分蒸す。皿に盛り、イタリアンパセリを散らす。

豆腐のえびサンド蒸し

食感と色のコントラストが愉快な、ふわふわの豆腐とプリプリのえび。
片栗粉をふっておくのが、美しく仕上げるコツ。

材料（2人分）

木綿豆腐	……………………	1丁
片栗粉（豆腐用）	……………	適量
えび	……………………………	100g
A	しょうがの絞り汁 … 小さじ¼	
	みりん …………………… 小さじ1	
	塩 ……………………… 小さじ⅙	
	卵白 …………………… ¼個分	
	片栗粉 ………………… 小さじ1	
水菜	………………………………	40g
酢	…………………………………	小さじ1
しょうゆ	………………………	小さじ2

作り方

1. 豆腐はペーパータオルに包んで水気をきる。半分に切り、さらに厚みを半分に切る。

2. えびは細かくたたき、Aを混ぜ合わせる。

3. 豆腐の片面に片栗粉をふる。2つの豆腐に**2**を半量ずつのせ、再び片栗粉を薄くふりかけ、それぞれ残りの豆腐をのせて軽く押さえる。

4. 耐熱容器に**3**を入れて、せいろに入れる。

5. 鍋にたっぷりの水を入れて強火にかける。蒸気が上がったら**4**をのせてふたをし、15分蒸す。3cm長さに切った水菜を加え、さらに1分蒸す。豆腐のえびサンドを切って皿に盛り、水菜を添える。酢じょうゆでいただく。

鶏もも肉の梅じょうゆ蒸し

つやつやの鶏肉は、香り豊かでしっとりジューシー。
梅の酸味がたまらない、お酒もごはんも進む一品です。

材料（2人分）

鶏もも肉	1枚
にんじん	40g
れんこん	40g
えのきたけ	½パック（40g）
梅干し	1個
A ┌薄口しょうゆ	小さじ1
└みりん	小さじ½
大葉	2枚

作り方

1. 鶏もも肉は一口大のそぎ切りにし、にんじんは短冊切りにする。れんこんは輪切りにして酢水（分量外）にさらし、水気をきる。えのきたけは長さを半分に切る。

2. 梅干しを細かくたたき、Aと混ぜ合わせる。

3. 耐熱容器に鶏もも肉を入れ、**2**の梅じょうゆを混ぜ合わせる。れんこん、にんじん、えのきたけをまわりに並べ、せいろに入れる。

4. 鍋にたっぷりの水を入れて強火にかける。蒸気が上がったら**3**をのせてふたをし、15分蒸す。蒸し上がったら、せん切りにした大葉を散らす。

豆乳茶碗蒸し

ほんのり豆乳が香る、やさしい味の茶碗蒸し。
じっくり蒸すから、ぷるんぷるんのなめらかな食感に仕上がります。

材料（2人分）
卵……………………………… 2個
豆乳…………………………… ¾カップ
だし汁………………………… ½カップ
みりん………………………… 小さじ1
塩……………………………… 小さじ¼
しょうゆ……………………… 小さじ¼
帆立…………………………… 2個
塩・酒（ともに帆立用）…… 各少量
しいたけ……………………… 1枚

作り方

1. だし汁にみりん、塩、しょうゆを混ぜ合わせて溶かす。

2. 帆立は4等分に切り、塩と酒を混ぜ合わせて耐熱容器に入れる。

3. しいたけは薄切りにする。

4. ボウルに卵をほぐし、**1**と豆乳を加えて混ぜ合わせ、ざるで漉す。**2**の耐熱容器に注ぎ入れ、しいたけをのせて、せいろに入れる。

5. 鍋にたっぷりの水を入れて強火にかける。蒸気が上がったら**4**をのせてふたをし、強火で3分蒸す。表面が白っぽくなったら弱火にし、さらに10分蒸す。

※茶碗のふたは最後までせずに蒸し上げる。

せいろで蒸すと「す」が立ちにくく、なめらかに美しく仕上がるのもうれしいところ。

いかの
エスニック蒸し

あっさりしているのに、満足感のあるエスニックスタイル。
個性的な風味のナンプラーや香菜で、美味しさが格段にアップ。

材料（2人分）

いか	大1杯
にんにく	½かけ
赤唐辛子	1本
ナンプラー	小さじ2
酒	小さじ1
砂糖	小さじ¼
ごま油	小さじ1
レモン	⅛個
香菜	適量

作り方

1. いかは内臓を取り除き、胴の部分は輪切り、足は食べやすい大きさに切る。にんにくは薄切り、赤唐辛子は斜めせん切りにする。

2. 耐熱容器に**1**のいか、にんにく、赤唐辛子を入れ、ナンプラー、酒、砂糖、ごま油を加えて混ぜ合わせる。せいろに入れる。

3. 鍋にたっぷりの水を入れて強火にかける。蒸気が上がったら**2**をのせてふたをし、5分蒸す。皿に盛り、レモン、香菜を添える。

鶏手羽先と大豆、ザーサイの中華蒸し

ザーサイと香味をまとった手羽先が、ふくよかでジューシー。
素朴な素材が力強く変化して、やみつきになる美味しさ。

材料（2人分）

鶏手羽先	………	4本

A		
	酒 ………	小さじ1
	オイスターソース …	小さじ1
	しょうゆ ………	小さじ2
	こしょう ………	少量
	しょうが（みじん切り） …	少量
	にんにく（みじん切り） …	少量
	長ねぎ（みじん切り）…	小さじ1

長ねぎ ………		⅓本
ゆで大豆 ………		60g
ザーサイ（味付け）………		30g

作り方

1. 鶏手羽先は洗って水気を拭く。耐熱容器に入れ、Aを混ぜ合わせておく。

2. 長ねぎは乱切りにする。

3. 1に2の長ねぎ、ゆで大豆、ザーサイを入れて混ぜ、せいろに入れる。

4. 鍋にたっぷりの水を入れて強火にかける。蒸気が上がったら3をのせてふたをし、15分蒸す。

ズッキーニとたこの
ガーリック蒸し

色鮮やかに蒸し上がったズッキーニに目が釘づけ。
立ち上がるガーリックの風味が、いっそう食欲をそそります。

材料（2人分）
ズッキーニ ……………… 小1本
たこ ……………………… 100g
塩 ………………………… 小さじ⅙
こしょう ………………… 少量
にんにく ………………… 1かけ
赤唐辛子 ………………… 1本
オリーブ油 ……………… 大さじ½

作り方
1. ズッキーニは3cm長さに切り、さらに6等分に切る。たこは乱切り、にんにくは粗みじん切り、赤唐辛子は輪切りにする。
2. 耐熱容器にズッキーニ、にんにく、赤唐辛子、塩、こしょう、オリーブ油を入れて混ぜ合わせる。たこを加えてさっと混ぜ、せいろに入れる。

3. 鍋にたっぷりの水を入れて強火にかける。蒸気が上がったら**2**をのせてふたをし、5分蒸す。

スペアリブの
黒酢蒸し

スペアリブの魅力を堪能する、香り高いごちそうです。
芳醇でコクのある黒酢だれも、あとをひく味。

材料（2人分）

スペアリブ（短めに切って） … 300g		
片栗粉 …………………… 小さじ1½		
A	しょうゆ ………… 小さじ2	
	酒 ……………… 小さじ1	
	黒酢 …………… 大さじ1	
	砂糖 …………… 小さじ1	
	ごま油 ………… 小さじ1	

しょうが（せん切り） …… 1かけ分	
黄パプリカ …………………… 20g	
セロリ ………………………… 20g	

作り方

1. スペアリブは片栗粉をまぶし、耐熱容器に入れる。A、しょうがを加えて混ぜ合わせ、せいろに入れる。

2. 鍋にたっぷりの水を入れて強火にかける。蒸気が上がったら**1**をのせてふたをし、20分蒸す。

3. パプリカとセロリはひし形に切る。**2**に加え、さらに5分蒸す。

基本の切り方

輪切り

断面の丸い素材を端から輪に切る。用途に応じて厚め、薄めを使う。

半月切り

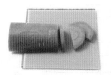

円筒状の素材を縦に2つに切ってから、端から切る。輪切りでは大きいときに。

いちょう切り

半月切りをさらに半分にした形。素材を縦に4つに切ってから、端から切る。

小口切り

細くて丸い素材を端から輪切りにする。包丁を気持ち内側に傾けて切ると、切った素材がばらつかない。

色紙切り

色紙のような正方形に切る。大きさは大小さまざま。

拍子木切り

拍子木のような棒状に切る。断面は正方形で、長さはまちまち。「何cm角、何cm長さ」などとも表現する。

短冊切り

短冊のように長めの長方形に切る。長さと幅を切ってから、端から薄切りにする。

さいの目切り／角切り

さいころのような形に切る。包丁を入れる角度を直角にすると形がととのう。「何cm角に切る」とも表現する。

斜め切り

丸くて長い素材を端から斜めに切る。用途に応じて厚め、薄めを使う。切り口はだ円形になる。

薄切り

素材を端から薄く切る。繊維にそって切ると食感が残り、直角に切ると火の通りが早くなる。

細切り

マッチ棒状の大きさに切る。目安は長さ5〜6cm、幅と厚さは2〜4mm。

せん切り

細切りよりさらに細く切る切り方。長さは用途に合わせる。大根のせん切りを「千六本」、長ねぎを「白髪ねぎ」などともいう。

乱切り

長さのある素材を左手で手前に転がしながら同じ大きさの一口大に切る。包丁を入れる角度で長さが決まる。

みじん切り

細かな角切り。最初に薄く切り目を入れておき、端から細かく切る。若干大きめのみじん切りが「粗みじん切り」。

くし形切り

丸い素材を中心から放射線状に切る。

ざく切り

葉菜類を3〜4cmくらいの幅で不規則に切る。

そぎ切り→p.51

小房に分ける→p.61

第 **3** 章

せいろを重ねて蒸す

鮭のせ梅蒸しご飯&
きのこと生揚げのおかかあえ

せいろで蒸すと素材の力が増して、ふっくらとした味に。
なんとも香ばしいご飯と、しみじみとやさしいおかかあえ。日々の贅沢和食です。

鮭のせ梅蒸しご飯

材料（2人分）

甘塩鮭	大1切れ
酒	小さじ1
ご飯	400g
梅干し	1個
しょうが（みじん切り）	小さじ½
塩	少量
大葉（せん切り）	4枚
白炒りごま	少量

作り方

1. 鮭は薄いそぎ切りにし（a）、酒をふりかける。梅干しは細かくたたく。

2. ご飯に**1**の梅干し、しょうが、塩を混ぜ合わせる。

3. せいろにオーブンペーパーを敷く。**2**の梅ご飯を入れ、鮭をのせる。

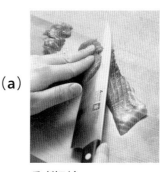
(a)

そぎ切り
包丁を右斜めに寝かせて入れ、素材の厚みを薄く切る。素材を大きく見せる効果がある。

きのこと生揚げのおかかあえ

材料（2人分）

生揚げ	½枚
えのきたけ	¼パック（20g）
まいたけ	½パック（40g）
青梗菜	大1株
かつお節	¼袋（1g）
しょうゆ	大さじ1

作り方

1. 生揚げは熱湯をかけ、一口大に切る。えのきたけは根元を切り取り、ほぐす。まいたけは小房に分ける。青梗菜は3〜4cm長さに切る。

2. せいろに**1**を入れる。

重ねて蒸す

鍋にたっぷりの水を入れて強火にかける。蒸気が上がったら【鮭のせ梅蒸しご飯】のせいろをのせてふたをし、5分蒸す。【きのこと生揚げのおかかあえ】のせいろを重ね、さらに3分蒸す。蒸し上がったら、【鮭のせ梅蒸しご飯】は大葉とごまを散らし、【きのこと生揚げのおかかあえ】はかつお節、しょうゆを混ぜ合わせる。

いただくときは、鮭をほぐして混ぜご飯風にしても楽しい。

中華風混ぜご飯&
なすと豚肉のカレーオイスター風味

具だくさんの中華ご飯は、しっとりもっちりの蒸し上がりで、おこわのような佇まい。
なすは皮をむいて蒸すから、たれがぐんぐん染み込んでとろり。
ジュワッと広がる肉汁に気持ちも弾みます。

中華風混ぜご飯

材料（2人分）
ご飯	400g
しいたけ	2枚
たけのこ	60g
桜えび	大さじ1
甘栗	8粒
長ねぎ（みじん切り）	大さじ1
A ┌ ごま油	小さじ1
├ オイスターソース	小さじ½
├ しょうゆ	小さじ1
├ 塩	小さじ⅓
└ こしょう	少量

作り方
1. しいたけとたけのこは小さめの角切りにし、桜えびは3〜4等分に切る。甘栗は皮をむく。
2. ご飯に**1**、長ねぎ、Aを混ぜ合わせる。
3. せいろにオーブンペーパーを敷く。**2**のご飯を入れる。

中華風混ぜご飯は温めなおしても美味。温めなおしも、もちろんせいろでどうぞ。

なすと豚肉のカレーオイスター風味

材料（2人分）
なす	3個
ごま油	小さじ1
豚薄切り肉	150g
A ┌ 塩・こしょう	各少量
├ カレー粉	小さじ⅙
├ しょうゆ	大さじ1
├ オイスターソース	大さじ½
├ 酒	小さじ1
└ 片栗粉	小さじ½
長ねぎ	½本

作り方
1. 長ねぎは斜め薄切りにし、耐熱容器に敷く。
2. なすはへたを切り取り、皮をむいて乱切りにし、ごま油を混ぜ合わせる。豚肉は一口大に切る。
3. **1**の長ねぎの上に**2**のなすを並べ、豚肉をのせる。Aを混ぜ合わせて豚肉の上からかけ、せいろに入れる。

重ねて蒸す

鍋にたっぷりの水を入れて強火にかける。蒸気が上がったら【なすと豚肉のカレーオイスター風味】、【中華風混ぜご飯】の順にせいろを重ねてふたをし、12分蒸す。

花巻＆牛肉とにんにくの茎の辛味噌蒸し

こっくりとした牛肉の辛味噌蒸しが、ふかふかもっちりの花巻と素晴らしくよく合います。
かわいくて簡単な花巻の作り方も、このレシピならでは。

花巻

材料（4個分）

薄力粉	……………………	150g
ベーキングパウダー	……	小さじ2

A
砂糖	……………	大さじ1⅓
塩	……………………	少量
サラダ油	…………	小さじ1
ぬるま湯	……………	80ml

ごま油	………………………	適量

作り方

1. ボウルに薄力粉とベーキングパウダーを合わせてふるい入れる。Aを加えて混ぜ合わせ、なめらかになるまでこね合わせる。丸くまとめ、ラップをかけて30分休ませる。

2. まな板に打ち粉（分量外）をし、**1**を麺棒または手で薄く伸ばす（**a**）。ごま油を塗り（**b**）、手前から巻く（**c**）。棒状になったものを4等分に切り、それぞれをさらに半分に切る。2個を重ねて一組とし、真ん中に菜箸を当ててしっかりと押し（**d**）、成形する。

3. せいろにオーブンペーパーを敷き、**2**の花巻を並べる。

（a）
だいたい四角になるように、均等の厚みで薄く伸ばす。

（b）
ごま油は全体に薄く塗る。量の目安は小さじ1程度。

牛肉とにんにくの茎の辛味噌蒸し

材料（2人分）

牛焼き肉用肉	………………	150g

A
しょうゆ	…………	小さじ1
酒	…………………	小さじ1
甜面醤	……………	小さじ2
豆板醤	……………	小さじ½
長ねぎ（みじん切り）	……	小さじ1
にんにく（みじん切り）	…	少量
ごま油	……………	小さじ1
こしょう	…………	少量
片栗粉	……………	小さじ½

にんにくの茎	………………	1束

作り方

1. 牛肉は大きめの細切りにし、Aと混ぜ合わせる。

2. にんにくの茎は3cm長さに切る。

3. 耐熱容器に**1**の牛肉を入れ、**2**のにんにくの茎を散らす。せいろに入れる。

（c）
手前から隙間なくきれいに巻く。力を入れすぎてつぶさないように。

（d）
上段の渦巻きが上を向くくらいに、菜箸をまな板と平行にぎゅっと押す。

🍲重ねて蒸す

鍋にたっぷりの水を入れて強火にかける。蒸気が上がったら【花巻】、【牛肉とにんにくの茎の辛味噌蒸し】の順にせいろを重ねてふたをし、10分蒸す。

うなぎの蒸し寿司&
あさりとかぶのしょうが蒸し

華やかなうえに、スタミナも満点なお献立。
少しだけ贅沢したい日や、ちょっぴり気取りたい日にも、
手間をかけずにパパッと作れるのが魅力です。

うなぎの蒸し寿司

材料（2人分）

ご飯	……………………	400g
	酢	…………… 大さじ1½
A	砂糖	………… 大さじ½
	塩	…………… 小さじ½
うなぎ蒲焼き（市販）	…………	1枚
卵	……………………	1個
砂糖（卵用）	…………………	小さじ1
塩（卵用）	………………………	少量
サラダ油（卵用）	………………	適量
三つ葉	……………………	4本

作り方

1. ボウルに卵を溶きほぐし、砂糖、塩を加えて混ぜる。フライパンにサラダ油を熱し、卵液を薄く流し入れ、薄焼き卵を焼く。薄焼き卵をせん切りにし、錦糸卵を作る。

2. うなぎは短冊切りにする。

3. ご飯にAを混ぜ合わせ、すし飯を作る。

4. せいろにオーブンペーパーを敷き、**3**のすし飯の半量を入れる。**2**のうなぎの半量を並べ、再びすし飯を入れる。**1**の錦糸卵を散らし、残りのうなぎをのせる。

あさりとかぶのしょうが蒸し

材料（2人分）

あさり（殻つき）	…………	150g
かぶ	………………………	2個
かぶの葉	……………………	40g
しょうが（薄切り）	…………	2枚
	酒	…………… 小さじ1
A	薄口しょうゆ	……… 小さじ2

作り方

1. あさりは殻をよく洗う。かぶは皮をむいてくし形に切り、葉は3cm長さに切る。しょうがはせん切りにする。

2. 耐熱容器に**1**のあさり、かぶ、かぶの葉、しょうがを入れて、Aをかける。せいろに入れる。

🍲 重ねて蒸す

鍋にたっぷりの水を入れて強火にかける。蒸気が上がったら【あさりとかぶのしょうが蒸し】のせいろをのせてふたをし、5分蒸す。【うなぎの蒸し寿司】のせいろを重ね、さらに5分蒸す。蒸し上がったら、【うなぎの蒸し寿司】は3cm長さに切った三つ葉を散らす。

すし飯の中にも、たっぷりのうなぎ。祭り事なら、丸く握りなおして手まりずし風にしても。

トマトシチュー&クスクス&
えびのワイン蒸し

下の鍋にはシチュー。シチューの蒸気でクスクスとえびを蒸す合理的なレシピ。
野菜やスパイスが渾然一体となったシチューなら、クスクスのおかわりは必至となりそう。

トマトシチュー

材料（2人分）

ウインナー	4本
玉ねぎ	½個
黄パプリカ	¼個
にんじん	⅓本
じゃがいも	1個
エリンギ	1本
にんにく	½かけ
赤唐辛子	1本
オリーブ油	大さじ1
トマト缶（カットタイプ）	½缶

A ┌ 水 …………… 1½カップ
　│ コンソメスープの素（固形）
　│ ………… ½個
　│ 塩 …………… 小さじ⅓
　│ こしょう・コリアンダー・クミン・
　│ 　チリパウダー ……… 各少量
　└ ローリエ …………… ½枚

作り方

1. ウインナーは斜め切り、玉ねぎはくし形切り、パプリカ、にんじんは乱切りにする。じゃがいもは乱切りにしてから面とりし、水にさらす。エリンギは食べやすい大きさに、にんにくはみじん切り、赤唐辛子は斜め半分に切る。

※面とりをしておくと、煮くずれを防ぐことができる。

2. 鍋ににんにく、赤唐辛子、オリーブ油を入れて弱火にかける。香りが出てきたら火を強めて玉ねぎを加え入れ、軽く炒め、ウインナー、残りの野菜を加え、さらに炒める。トマト缶を缶汁ごと入れ、Aを加える。

クスクス

材料（2人分）

クスクス	100g
湯	½カップ強
塩・こしょう	各少量
オリーブ油	小さじ1

作り方

1. せいろにオーブンペーパーを敷く。クスクスに湯、塩、こしょう、オリーブ油を混ぜ合わせ、せいろに入れる。

シチューの蒸気を吸い込んで、
クスクスもほんわりトマト風味。

えびのワイン蒸し

材料（2人分）

えび	8尾
塩・こしょう	各少量
白ワイン	小さじ1
パセリ（みじん切り）	小さじ2
マヨネーズ	小さじ2

作り方

1. えびははさみで背中を開いて背わたを取り除き、塩、こしょう、白ワインをかけて混ぜる。

2. パセリとマヨネーズを混ぜ合わせ、えびの切り目に詰める。

3. せいろにオーブンペーパーを敷き、**2**のえびを入れる。

🍱重ねて蒸す

【トマトシチュー】の鍋を弱火にかけ、10分煮る。【クスクス】、【えびのワイン蒸し】の順にせいろを重ね、5分蒸す。

コーンとベーコンの蒸しパン&
鮭のアボカドマヨネーズ

塩味の効いた蒸しパンは朝ごはんにもぴったり。
もうもうと蒸気の上がるせいろの中で膨らんでいく様子を想像するのも楽しみです。

コーンとベーコンの蒸しパン

材料（4個分）
薄力粉······························ 100g
ベーキングパウダー ··· 小さじ1½
　┌牛乳····························· ½カップ
　│オリーブ油··········· 小さじ2
A │砂糖····················· 小さじ2
　└塩・こしょう ········· 各少量
コーン（缶詰）·················· 60g
ベーコン（せん切り）······· 1枚分

作り方
1. ボウルに薄力粉とベーキングパウダーを合わせてふるい入れる。
2. 別のボウルにAを入れて混ぜ合わせ、**1**を加えてさっくりと混ぜ合わせる。コーン、ベーコンを加えて混ぜ、耐熱カップに入れる。せいろに入れる。

アボカドマヨネーズはえびなどの魚介類とも好相性。お試しの価値あり。

鮭のアボカドマヨネーズ

材料（2人分）
生鮭······························ 2切れ
塩······························ 小さじ⅙
こしょう ······························ 少量
アボカド ······················ ½個
レモンの絞り汁 ··········· 小さじ1
　┌マヨネーズ··········· 大さじ1
A │タバスコ ················· 少量
　└塩・こしょう ········· 各少量
ブロッコリー ·················· 60g

作り方
1. 鮭は皮を取って半分に切り、塩、こしょうをする。アボカドはつぶし、レモンの絞り汁を混ぜ、Aを加えて混ぜ合わせる。ブロッコリーは小房に分ける（a）。
2. せいろにオーブンペーパーを敷き、鮭を並べてアボカドマヨネーズをのせる。

（a）

🧺重ねて蒸す

鍋にたっぷりの水を入れて強火にかける。蒸気が上がったら【コーンとベーコンの蒸しパン】のせいろをのせてふたをし、10分蒸す。【鮭のアボカドマヨネーズ】のせいろを重ね、さらに5分蒸す。ブロッコリーを加え、さらに2分蒸す。

小房に分ける
茎の部分に包丁を入れ、食べやすい大きさに切る。

たっぷり野菜の和風そば&
金目鯛の煮魚風

ポン酢でいただく乙なそばは、野菜もたっぷりでうれしい。
魚を合わせた献立で、栄養バランスも完璧。
鍋でコトコトの煮魚もいいですが、蒸したふっくら加減も是非味わって。

たっぷり野菜の和風そば

材料（2人分）
ゆでそば…………………… 2袋
しいたけ…………………… 2枚
えのきたけ……… ½パック（40g）
にんじん…………………… 20g
大根………………………… 60g
長ねぎ……………………… ⅓本
ポン酢……………………… 適量

作り方
1. しいたけは薄切り、大根、にんじんはせん切り、長ねぎは斜め薄切り、えのきたけは根元を切り落とし、半分に切る。
2. ゆでそばは熱湯をかけてほぐす。
3. せいろにオーブンペーパーを敷き、**2**のそばを入れ、**1**の野菜をのせる。

ポン酢でさっぱりといただくそばは、
暑い季節にもぴったり。

金目鯛の煮魚風

材料（2人分）
金目鯛……………………… 2切れ
しょうが…………………… ½かけ
さやいんげん……………… 60g
わかめ（もどして）………… 40g
A ┌ しょうゆ ………… 大さじ1½
　├ みりん …………… 大さじ1
　└ 砂糖……………… 大さじ½

作り方
1. しょうがはせん切り、さやいんげんは斜め切り、わかめは一口大に切る。
2. 耐熱容器に金目鯛、Aを入れ、**1**のしょうが、さやいんげん、わかめを加え、せいろに入れる。

🥟重ねて蒸す

鍋にたっぷりの水を入れて強火にかける。蒸気が上がったら【金目鯛の煮魚風】のせいろをのせてふたをし、10分蒸す。【たっぷり野菜の和風そば】のせいろを重ね、さらに5分蒸す。【たっぷり野菜の和風そば】はポン酢でいただく。

エスニック蒸しそば&
鶏ひき肉のスープ

蒸しそばは洗練された味つけで、エスニックと中華と双方の美点があります。
鶏ひき肉と野菜の旨味がじんわりと溶け出した透明なスープも絶品。

エスニック蒸しそば

材料（2人分）

蒸し中華そば……………………	2玉
にんにく（薄切り）……………	2枚
しょうが（薄切り）……………	2枚
ハム……………………………	3枚
長ねぎ…………………………	6cm
赤唐辛子………………………	1本
ニラ……………………………	30g
もやし…………………………	80g

	┌ナンプラー…………	大さじ1
A	│しょうゆ……………	小さじ1
	│こしょう……………	少量
	└ごま油……………	小さじ2

作り方

1. にんにく、しょうがはせん切り、ハムは細切り、長ねぎは3cm長さのせん切り、赤唐辛子は輪切り、ニラは3cm長さに切る。もやしは洗う。

2. 中華そばは袋に1か所切り込みを入れ、電子レンジ（500W）で1分加熱し、ほぐす。

3. 耐熱容器に**1**と**2**の中華そばを入れ、Aを入れて混ぜ合わせる。せいろに入れる。

鶏ひき肉のスープ

材料（2人分）

鶏ひき肉………………………		60g
しいたけ………………………		½枚
たけのこ………………………		20g
長ねぎ（みじん切り）……		小さじ2
	┌しょうがの絞り汁…	小さじ¼
	│酒…………………	大さじ½
A	│しょうゆ……………	小さじ½
	│塩…………………	小さじ⅙
	└こしょう……………	少量
水………………………………		⅔カップ

作り方

1. しいたけ、たけのこは小さめの角切りにする。

2. 鶏ひき肉にAを混ぜ合わせ、さらに水を加えて混ぜ、長ねぎ、しいたけ、たけのこを加えて混ぜ合わせる。耐熱容器に注ぎ入れ、せいろに入れる。

鶏ひき肉がふるふるとかたまった、独特なスタイルの極上スープ。

🥟重ねて蒸す

鍋にたっぷりの水を入れて強火にかける。蒸気が上がったら【鶏ひき肉のスープ】のせいろをのせてふたをし、5分蒸す。【エスニック蒸しそば】のせいろを重ね、さらに10分蒸す。

肉味噌うどん&
帆立と白菜のスープ煮

薬味たっぷりの濃厚な肉味噌が、ふっくらうどんと好相性。
汁なしうどんの美味しさを発見できる、ちょっぴり懐かしい雰囲気の一皿。
帆立と白菜のスープ煮は、しょうがが効いたほのぼの味。

肉味噌うどん

材料（2人分）

ゆでうどん	……………	2玉
A	豚ひき肉	………… 100g
	長ねぎ（みじん切り）	… 大さじ1
	味噌	………… 大さじ2
	しょうゆ	………… 大さじ1
	みりん	………… 大さじ1
	だし汁	………… 大さじ2
	しょうがの絞り汁	… 小さじ½
	ごま油	………… 小さじ1
水菜	…………	20g
万能ねぎ（小口切り）	………	2本

作り方

1. ゆでうどんは熱湯をかけ、ほぐす。

2. 耐熱容器に**1**のうどんを入れ、Aを混ぜ合わせ、のせる。せいろに入れる。

肉味噌とうどんをよく混ぜて、
大胆にいただきたい。

帆立と白菜のスープ煮

材料（2人分）

白菜	……………	4枚
帆立（缶詰）	…………	小1缶
しょうが（薄切り）	………	2枚

A	酒	………… 大さじ1
	しょうゆ	… 小さじ½
	塩・こしょう	… 各少量
	だし汁	………… ¼カップ

作り方

1. 白菜は大きめのそぎ切りにし、しょうがはせん切りにする。

2. 耐熱容器に**1**の白菜、しょうが、帆立は缶汁ごと入れる。Aを加えて混ぜ合わせ、せいろに入れる。

重ねて蒸す

鍋にたっぷりの水を入れて強火にかける。蒸気が上がったら【帆立と白菜のスープ煮】のせいろをのせてふたをし、10分蒸す。【肉味噌うどん】のせいろを重ね、さらに10分蒸す。蒸し上がったら、【肉味噌うどん】は3cm長さに切った水菜を添え、万能ねぎを散らす。

重ねて、並べて、一度に３品蒸しあがる！

せいろが大活用する献立蒸し

せいろは食を豊かにするたくさんの力を秘めています。

献立蒸しもそのひとつ。

一度に3品の料理ができあがるとしたら?

とてもワクワクします。

献立蒸しは嬉しい驚きをもたらすと同時に、実用性も兼ね備えています。

せいろを重ねたり、器を並べたりすることで、

おかずと一緒にご飯や麺などの主食もできあがります。

下の鍋を活用すれば、スープだっておてのもの。

デザートを合わせたり、おかずだけの献立も自由自在。

使い勝手の抜群のせいろ、

その可能性が無限に広がるのが献立蒸しです。

せいろの中の組み合わせ

せいろの中の組み合わせ

せいろを重ねて3つのメニューを蒸します。ただし、せいろを重ねるのは2段まで。それ以上になると蒸気がまわらず、加熱が難しくなります。そのため、おかずが3種類の献立の場合は、2段のせいろの中で3つのメニューをうまく組み合わせる必要があります。

また、大きなせいろなら、あり鍋や専用蒸し器と同じように、1段のせいろの中に3つのメニューを並べて蒸しても構いません。スープが含まれる献立なら、鍋でスープ、2段のせいろでおかずをそれぞれ蒸します。

耐熱皿

耐熱容器

オーブンペーパー

オーブンペーパー＋
耐熱容器

耐熱容器＋オーブンペーパーで
作った舟形

底に合わせてカットした
オーブンペーパー

蒸し器の中の組み合わせ

あり鍋、専用蒸し器で献立蒸しをする場合はこのスタイル。蒸し器の中に耐熱容器やオーブンペーパーを並べて蒸します。また、大きなせいろなら、同様に並べて蒸すこともできます。

耐熱容器を3つ

耐熱容器＋オーブンペーパー

【献立蒸し活用術】

レシピページでは、具体的な鍋や容器の組み合わせで献立を仕上げていますが、指定通りでなくても構いません。とくに鍋に関しては、このページを参考に、お手もちの鍋を使って自由に献立蒸しを楽しんで下さい。

レシピはすべて「献立」で構成されていますが、1つだけを作るのも大歓迎。加熱時間などは、献立蒸しの場合と同じです。

一度に3品蒸す！
ヘルシー献立

おかずと一緒に
ご飯や麺、パン、お餅などの主食ができあがる、
バランスのいい献立です。
ときには下の鍋を利用してスープを作ったり、
可能性が広がる組み合わせです。
余分な油を使わないからヘルシーなのも魅力。
美味しさも間違いないのが蒸し料理の嬉しいところです。

けんちん汁

根菜を煮ている間に甘酢蒸しの準備を。その後はせいろを重ねて段取りよく蒸しましょう。けんちん汁はお好みで一味や七味唐辛子をふっても。

材料（2人分）
豚薄切り肉 ……………………80g
ごぼう ……………………………¼本
里いも ……………………………2個
塩（里いも用）……………………適量
大根 ……………………………100g
にんじん …………………………60g
長ねぎ ……………………………¼本
木綿豆腐 …………………………¼丁
だし汁 ……………………………3カップ
酒 …………………………………大さじ1
しょうゆ …………………………小さじ2
塩 …………………………………小さじ⅓
ごま油 ……………………………小さじ2

作り方
1. ごぼうはささがきにして水にさらし、水気をきる。里いもは一口大に切り、塩でもんでぬめりを洗い流す。大根は厚めのいちょう切り、にんじんは半月切り、長ねぎは1.5cm長さ、豚肉は一口大に切る。
2. 鍋にごま油を熱し、大根、にんじん、ごぼう、豚肉を入れて炒め、だし汁、酒、里いもを入れ、沸騰するまで煮る。

蒸し餅

餅は蒸し上がるとやわらかくなって広がるので、間隔をあけて並べるようにしましょう。けんちん汁に入れていただきます。

材料（2人分）
餅 ………………………………… 4個

作り方
1. 餅は半分に切る。せいろにオーブンペーパーを敷き、餅を並べる。

野菜の甘酢蒸し

甘酢をからめてから数分蒸すことで、味がしっかりと野菜に染み込みます。浅漬けともサラダともいえそうな、野菜の一皿。

材料（2人分）
きゅうり ………………………… 1本
にんじん ………………………… 60g
しょうが（薄切り）………………… ½枚
キャベツ ………………………… 1枚

A	酢 …………………… 大さじ2
	水 …………………… 大さじ1
	砂糖 ………………… 大さじ1
	塩 …………………… 小さじ½
	赤唐辛子（斜め切り）…… ½本分

作り方
1. きゅうりは乱切り、にんじんは拍子木切り、しょうがはせん切り、キャベツは大きめの短冊切りにする。
2. 1にAを混ぜ合わせて耐熱容器に入れ、せいろに入れる。

まとめて蒸す

【けんちん汁】の鍋を強火にかける。蒸気が上がったら中火にし、【蒸し餅】のせいろを重ねてふたをし、7分蒸す。いったんふたを取って【野菜の甘酢蒸し】のせいろを重ね、ふたをし、さらに3分蒸す。蒸し上がったらせいろを外し、【けんちん汁】の鍋に長ねぎ、割った豆腐、しょうゆ、塩を加え、4～5分煮る。

ねぎ花巻

花巻は四角になるように伸ばして、手前から隙間なく巻きます。ねぎなしにすれば、シンプルな花巻に。レシピは同じです。

材料（2人分）

薄力粉……………………… 150g
ベーキングパウダー ……… 小さじ2
A ┌ 砂糖………………… 大さじ1½
　├ 塩…………………… ひとつまみ
　├ サラダ油…………… 小さじ1
　└ 60℃の湯 …………… 80cc
ごま油…………………… 小さじ½
万能ねぎ（小口切り）……… 3本分

作り方

1. ボウルに薄力粉、ベーキングパウダーを合わせてふるい入れる。Aを加えて混ぜ合わせ、なめらかになるまでこね合わせる。丸くまとめ、ラップをかけて室温で30分休ませる。

2. 台に打ち粉（分量外）をする。麺棒を使い、**1**をだいたい四角になるように、均等の厚みで薄く伸ばす。ごま油を全体に塗り、万能ねぎを散らす。手前から巻き、棒状になったものを半分に切り、それぞれをさらに半分に切る。2個を重ねて1組とし、真ん中に菜箸を当ててしっかりと押して成形する。

3. せいろにオーブンペーパーを敷き、**2**のねぎ花巻を並べる。

蒸し豚の
香味味噌

同じせいろに青梗菜としいたけも入れるので、豚肉を並べるときは半分くらいを空けておきます。

材料（2人分）

豚ロース肉（しょうが焼き用）
　……………………………… 200g
塩……………………………… 小さじ⅙
こしょう……………………………少量
酒…………………………… 小さじ2
片栗粉……………………………少量
【香味味噌】
味噌……………………………… 小さじ2
長ねぎ（みじん切り）……… 小さじ½
にんにく（みじん切り）……………少量
すりごま…………………… 小さじ½
砂糖………………………… 小さじ½
ごま油……………………… 小さじ½
一味唐辛子……………………………少量

作り方

1. 豚肉は塩、こしょう、酒を混ぜ合わせ、片栗粉をふりかける。
2. せいろにオーブンペーパーを敷き、豚肉を丸めて並べる。
※豚肉はせいろの半分に並べる。
【香味味噌】
材料を混ぜ合わせる。

青梗菜と
しいたけの
山椒塩

蒸し上がりを山椒塩でいただきます。山椒塩は蒸し豚にもよく合うので、香味味噌とともに試してみて下さい。

材料（2人分）

青梗菜…………………………… 2株
しいたけ…………………………… 3枚
【山椒塩】
粉山椒……………………………少量
塩…………………………… 小さじ⅕

作り方

1. 青梗菜は3～4cm長さに、しいたけはそぎ切りにする。
2. オーブンペーパーを舟形に作り、1を入れる。
【山椒塩】
材料を混ぜ合わせる。

まとめて蒸す

鍋にたっぷりの水を入れて強火にかける。蒸気が上がったら【ねぎ花巻】のせいろをのせ、【蒸し豚】のせいろを重ねてふたをし、7分蒸す。【蒸し豚】のせいろに【青梗菜としいたけ】の舟形を入れ、さらに3分蒸す。

カレー南蛮

仕上げに水溶き片栗粉を加えてからさらに加熱するのは、とろみを安定させるため。とろみはスープの熱々を持続させてくれます。

材料（2人分）
鶏もも肉 ……………………… ½枚
にんじん …………………… 60g
長ねぎ ……………………… ½本
だし汁 ……………………… 3カップ
しょうゆ …………………… 大さじ4
みりん ……………………… 大さじ2
カレー粉 …………………… 大さじ1弱
片栗粉 ……………………… 大さじ½
水 …………………………… 大さじ3

作り方
1. 鶏肉は一口大のそぎ切りにする。にんじんは長めの短冊切りにする。ねぎは4cm長さに切ってから縦半分に切る。
2. 鍋にだし汁を入れて火にかけ、煮立ったら、鶏肉、にんじん、しょうゆ、みりんを加え、沸騰するまで煮る。

蒸しうどん

蒸しうどんには、ゆでタイプが最適。熱湯をかけるだけの下準備で調理できます。ふっくらと仕上がる食感は蒸し料理ならでは。

材料（2人分）
ゆでうどん ………………… 2玉

作り方
1. うどんは熱湯をかけてほぐす。
2. せいろにオーブンペーパーを敷き、うどんを入れる。

豆腐とクレソン
のサラダ

豆腐は手でちぎるように切ると、ド
レッシングが一層からみやすくなり
ます。クレソンの茎はカレー南蛮に
使って、風味づけにも一役。

材料（2人分）

木綿豆腐	1丁
クレソン	1束

	オリーブ油	大さじ1
	バルサミコ酢	小さじ1
	酢	小さじ1
A	しょうゆ	小さじ1
	にんにく（すりおろす）	少量
	塩	小さじ⅕
	こしょう	少量

作り方
1. 豆腐は水気をきり、6等分に切る。
2. 耐熱容器に豆腐を入れ、せいろ
に入れる。
3. クレソンは葉をつみ、茎は3cm
長さに切る。
※クレソンの茎はカレー南蛮に使用
する。

まとめて蒸す

【カレー南蛮】の鍋を強火にかける。
蒸気が上がったら中火にし、【蒸しう
どん】【豆腐】のせいろを重ねてふたを
し、10分蒸す。蒸し上がったらせい
ろを外し、【カレー南蛮】の鍋に長ね
ぎ、クレソンの茎、カレー粉を加え
てひと煮立ちさせる。水溶き片栗粉
を加え、沸騰させる。【豆腐】にクレ
ソンの葉をのせ、Aを混ぜ合わせて
かける。

鰆のとろろかけ

卵白入りのとろろは加熱されるとほどよい弾力をもって固まります。たれも一緒に蒸して温めておくと、熱々の主菜を楽しめます。

材料(2人分)
鰆···········2切れ
塩(鰆用)···········少量
酒(鰆用)···········小さじ2
山いも···········100g
卵白···········¼個分
塩(山いも用)···········少量
A ┌ だし汁···········大さじ3
　└ しょうゆ・みりん
　　　　　　···········各大さじ½
三つ葉···········少量

作り方
1. 鰆は塩、酒を混ぜ合わせてふりかけておく。
2. 山いもはすりおろし、卵白、塩を混ぜ合わせる。
3. **1**の鰆を耐熱容器に入れ、**2**をかける。
4. 小さめの耐熱容器にAを入れ、**3**とともにせいろに入れる。

きのこご飯

きのこの旨味がだし代わり。シンプルな調味料で深い味わいになるのが嬉しいところです。

材料(2人分)
ご飯···········400g
A ┌ しょうゆ···········小さじ2
　│ 塩···········小さじ½
　└ みりん···········小さじ1
しいたけ···········2枚
えのきたけ···········60g

作り方
1. しいたけは石づきを切り取り、半分に切ってから薄切りにする。えのきたけは根元を切って長さを3等分に切り、ほぐす。ご飯にAを混ぜ合わせる。
2. せいろにオーブンペーパーを敷き、ご飯を入れ、しいたけとえのきたけをのせる。

白菜と油揚げの蒸し煮

しみじみと美味しい冬の副菜。白菜の甘みを引き立てる油揚げが優秀な脇役です。

材料(2人分)
白菜···········2枚
油揚げ···········½枚
A ┌ しょうゆ···········小さじ2
　│ 酒···········小さじ1
　└ 砂糖···········小さじ1

作り方
1. 白菜、油揚げは短冊切りにする。
2. オーブンペーパーを舟形に作り、**1**を入れ、Aを混ぜ合わせてかける。
3. **2**を【鰆のとろろかけ】のせいろに入れる。

まとめて蒸す

鍋にたっぷりの水を入れて強火にかける。蒸気が上がったら【きのこご飯】のせいろをのせ、【鰆のとろろかけ】と【白菜と油揚げ】のせいろを重ねてふたをし、10分蒸す。蒸し上がったら【鰆のとろろかけ】に温めたたれをかけ、三つ葉をのせる。

さつまいも
ご飯

さつまいもご飯のせいろには、後で
かぶも並べます。オーブンペーパー
を立てるように隙間を空けておくと
スムーズ。

材料（2人分）

さつまいも	100g
ご飯	400g
塩	小さじ½
みりん	小さじ2
黒すりごま	大さじ1½

作り方

1. さつまいもは小さめの角切りに
し、水にさらす。ご飯は塩、みりん
を混ぜ、さらに黒ごまを加え、混ぜ
合わせる。
2. せいろにオーブンペーパーを敷
き、ご飯を入れ、水気をきったさつ
まいもを上に散らす。

豆腐焼売

玉ねぎに片栗粉をまぶすのは、水
分の出る玉ねぎもしっかりまとまるよ
うに。焼売のたねをまとめる「つなぎ」
の役割もしてくれます。

材料（2人分）

木綿豆腐	100g
鶏ひき肉	100g
A ┌ しょうゆ	小さじ1½
├ 酒	小さじ1
├ ごま油	小さじ1
├ しょうがの絞り汁	小さじ½
├ 塩	小さじ⅙
└ こしょう	少量
玉ねぎ	50g
片栗粉	大さじ1
焼売の皮	12枚
万能ねぎ（小口切り）	½本

作り方

1. 豆腐はペーパータオルに包んで
重しをし、水気をしっかりきる。玉
ねぎはみじん切りにし、片栗粉を混
ぜ合わせる。
2. ボウルに鶏ひき肉、Aを入れ、粘
りがでるまで混ぜ合わせる。豆腐を
加えて混ぜ、玉ねぎを加えてさらに
混ぜ合わせる。
3. 2を12等分し、焼売の皮で包む。
万能ねぎをのせる。
4. せいろにオーブンペーパーを敷
き、3を並べる。

蒸しかぶ
サラダ

かぶは直にせいろに置いて大丈夫。
蒸し上がりは器に移して、ドレッシングでいただきます。

材料(2人分)
かぶ 2個
【中華ドレッシング】
しょうゆ 小さじ2
酢 小さじ1
ごま油 小さじ1
赤唐辛子(輪切り) ....½本
塩・こしょう .... 各少量

作り方
1. かぶは4等分に切る。
【中華ドレッシング】
材料を混ぜ合わせる。

まとめて蒸す

鍋にたっぷりの水を入れて強火にかける。蒸気が上がったら【さつまいもご飯】の
せいろをのせ、ふたをして5分蒸す。いったんふたを取って【豆腐焼売】のせいろ
を重ね、ふたをし、さらに5分蒸す。【さつまいもご飯】のせいろに【蒸しかぶサラ
ダ】を入れ、さらに5分蒸す。蒸し上がったら【蒸しかぶサラダ】を器に入れ、
中華ドレッシングをかける。

韓国風
茶碗蒸し

明太子の塩分によっても味が左右
します。薄味がお好みの方は、しょ
うゆや塩を加減して。

材料（2人分）
卵………………………… 2個
だし汁…………………… ¾カップ
しょうゆ ……………… 小さじ1
酒 ……………………… 小さじ2
塩………………………… 少量
明太子…………………… 20g
ニラ……………………… 4本

作り方
1. ニラは2cm長さに切る。
2. ボウルに卵を割りほぐし、だし汁、
しょうゆ、酒、塩を加えて混ぜ合わ
せる。明太子をほぐして加え、さら
に混ぜ合わせる。
3. 耐熱容器に**2**を入れ、ニラを散ら
す。せいろに入れる。

鶏飯

韓国風の甘辛だれがこっくりと美味
しい「とりめし」。余った鶏肉のつ
けだれは是非ご飯にかけて蒸し上
げて。

材料（2人分）
ご飯……………………… 400g
塩………………………… 小さじ¼
酒………………………… 小さじ2
鶏もも肉………………… ½枚
A ┌ しょうゆ ………… 大さじ1½
　│ 砂糖……………… 小さじ2
　│ にんにく（みじん切り）… ¼片分
　│ 長ねぎ（みじん切り）… 大さじ1
　│ ごま油…………… 小さじ2
　│ 白すりごま ……… 小さじ2
　│ コチュジャン ……… 小さじ1
　└ 一味唐辛子……………… 少量

作り方
1. 鶏肉はそぎ切りにし、Aを混ぜ合
わせる。ご飯は塩、酒を混ぜ合わせる。
2. せいろにオーブンペーパーを敷
き、ご飯を入れる。鶏肉を上に並べ
入れ、残った調味料を上からかける。

もやしと
にんじんの
ナムル

あらかじめ調味料を加えて蒸すナ
ムルは、短時間でもしっかり風味が
つきます。やさしい味の野菜おかず
で、献立をバランス良く。

材料（2人分）
もやし…………………… 100g
にんじん………………… 60g
A ┌ 塩………………… 小さじ⅓
　│ ごま油…………… 小さじ2
　│ 長ねぎ（みじん切り）… 小さじ1
　└ 一味唐辛子……………… 少量

作り方
1. にんじんはせん切りにする。にん
じん、もやしにAを混ぜ合わせる。
2. オーブンペーパーを舟形に作り、
1を入れる。

まとめて蒸す

鍋にたっぷりの水を入れて強火にかける。蒸気が上がったら【鶏飯】のせいろをの
せ、ふたをして5分蒸す。いったんふたを取って【韓国風茶碗蒸し】のせいろを重
ね、ふたをし、さらに強火で3分、弱火で5分蒸す。【韓国風茶碗蒸し】のせいろ
に【もやしとにんじんのナムル】の舟形を入れ、さらに5分蒸す。

チリビーンズ

具だくさんのヘルシースープ。チリパウダーはたくさん入れても辛くならないので、量を増やしてもOK。

材料（2人分）

合いびき肉	50g
玉ねぎ	¼個
セロリ	½本
にんにく	½片
うずら豆（缶詰）	100g
オリーブ油	大さじ1

A
水	2カップ
コンソメスープの素（固形）	½個
トマト缶（カットタイプ）	½缶
ローリエ	1枚

チリパウダー	大さじ1
塩	小さじ⅓
こしょう	少量

作り方

1. 玉ねぎ、セロリは角切り、にんにくはみじん切りにする。

2. 鍋にオリーブ油を熱し、**1**を加えて炒める。ひき肉を加えてさらに炒め、A、うずら豆を加えて混ぜ合わせる。沸騰するまで煮る。

コーンパン

せいろで蒸す蒸しパンはふんわり＆もちもち。とうもろこしが馴染みにくいときは、中に包み込むようにしても。

材料（2人分）

A
強力粉	150g
ドライイースト	小さじ1
バター	小さじ2
60℃の湯	80cc
牛乳	大さじ2
砂糖	大さじ1½
塩	少量

とうもろこし（缶詰）	40g

作り方

1. ボウルにAを入れてなめらかになるまでこね合わせる。とうもろこしを加えて混ぜ合わせる。ラップをかけ、温かいところに1時間置く。

2. **1**が倍量に膨れたら、手でつぶして空気を抜き、6等分にして丸める。ふきんをかけて30分くらい温かいところに置く。さらに丸めなおして15分くらい置く。

3. せいろにオーブンペーパーを敷き、**2**をのせる。

野菜のレモンオイル蒸し

レモンの酸味がきいたマリネ風の温サラダ。野菜はどれかひとつでもレモンオイルとよく合います。

材料（2人分）

赤パプリカ	¼個
しめじ	40g
ブロッコリー	30g
レモン（薄切り）	1枚

A
オリーブ油	小さじ2
レモンの絞り汁	小さじ1
塩	小さじ¼
こしょう	少量

作り方

1. パプリカは乱切りにする。ブロッコリー、しめじは小房に分ける。レモンは半分に切る。

2. **1**にAを混ぜ合わせて耐熱容器に入れ、せいろに入れる。

まとめて蒸す

【チリビーンズ】の鍋を強火にかける。蒸気が上がったら中火にし、【コーンパン】のせいろを重ねてふたをし、10分蒸す。いったんふたを取って【野菜のレモンオイル蒸し】のせいろを重ね、ふたをし、さらに5分蒸す。蒸し上がったらせいろを外し、【チリビーンズ】の鍋にチリパウダー、塩、こしょうを加え、さらに4〜5分煮る。

料理のことば その1

あ

あくを取る

あくは不快なにおい成分が主なもの。野菜や肉、魚を
ゆでると浮かび上がってくる。臭みやにごりのもととなるので、煮ものやスープを作るときは、あく取りやお
たまなどで丁寧にすくい取る。

油抜き

油揚げや厚揚げ、さつま揚げなど、油で揚げてある
素材に熱湯をかけたり、さっとゆでたりして表面
の油を落とすこと。油臭さを除くとともに、調味
料が染みやすくなる。

粗熱をとる

加熱した素材を、ほどほどの熱さまで冷ますこと。

アンチョヴィ

かたくちいわしを塩漬けにし、熟成・発酵させたもの。
これにオリーブ油を加え、缶詰や瓶詰めにする。

板ずり

きゅうりやオクラなどを、まな板の上に並べて塩をふ
り、手で転がして塩をこすりつけること。表面がなめ
らかになる、アクが抜ける、調味料が染み込みやすく
なる、緑色が鮮やかになるなどの効果がある。塩は調
理前に洗い流す。

オイスターソース

牡蠣油。中国の調味料で、牡蠣の煮干しを作った煮
汁を加熱濃縮したもの。特有の風味とコクがあり、広
東料理によく使われる。

落としぶた

煮ものをするときに、材料の上にのせるふた。鍋より
ひとまわり小さなふたを直接のせる。落としぶたをす
ることにより鍋の中の煮汁が対流し、少ない煮汁でも
まんべんなく味を染み込ませ、加熱むらをなくす。煮
くずれを防ぐ働きもある。

か

隠し包丁

包丁で切り込みを入れること。火の通りをよくし、味
を染み込みやすくするのが目的。素材に応じて、下ご
しらえの段階で盛りつけるときに隠れる部分に入れる。

皮目（かわめ）

魚や鶏肉の皮のついた面。「皮目から焼く」とあったら、
皮のついたほうを先に焼く。

観音開き

肉や魚などの切り身に、包丁で中央から左右に厚み
に切り目を入れて両側に開くこと。厚みを均一にし、
火の通りをよくする。真ん中から左右対称に開く扉
の観音開きに由来する。

クミン

エジプトなど地中海沿岸地方を原産とするハーブ。
種子を香辛料として用いる。強く刺激的な芳香と、わ
ずかな苦みと辛みがある。

クローブ

ちょうじ。仏名は「ジロフル」。木全体に特有の芳香を
もつが、特につぼみに芳香性の精油を含む。花をつ
ぼみのうちに採取して乾燥させ、そのまま、または粉
末にして使用。ピクルス、ケチャップ、ソース、肉・魚料
理、菓子などに利用する。

化粧塩

姿のまま塩焼きにする魚につける塩のこと。味つけ
の塩をふったあと、焦げやすい尾やひれは塩でおおう
ようにたっぷりとつける。焦げを防ぐ他、焼き上がり
も美しくなる。

こそぐ、こそげる

包丁の背などを使って、素材の表面をごく薄く削り落
とすこと。ごぼうやしょうがの皮をむかずに、不要な
ものを落とすときに使われる。新じゃがいもなど皮
が薄いものはタワシでこすって「こそげる」。

コリアンダー

香菜の種子を乾燥させたスパイスのこと。レモンと
セージを混ぜ合わせたような香りで、甘くマイルドな
味、かすかな辛みがある。

コンポート

果物のシロップ煮のこと。果物を香辛料で風味をつ
けた砂糖液でやわらかく煮たもの。

第5章

おかず3品、
一度に蒸す

おかずだけで3品、

老若男女が楽しめる充実の献立です。

普段は脇役の副菜や汁物も、3品集まれば頼もしい限り。

おつまみやゆるやかな糖質オフにも

ぴったりのラインナップです。

あと1品欲しいな、というときの

小松菜の
和風餃子

鶏肉と小松菜の変わり種餃子。10個の餃子を並べるなら、直径27cmくらいのせいろが適しています。

材料（2人分）
鶏ひき肉……………………… 150g
┌ しょうがの絞り汁 …… 小さじ¼
│ 酒…………………………… 小さじ1
A│ しょうゆ ………… 小さじ1½
│ ごま油………………… 小さじ½
└ こしょう…………………………少量
小松菜……………………………80g
しいたけ …………………………… 1枚
長ねぎ（みじん切り）……… 大さじ1
餃子の皮 …………………… 10枚

作り方
1. 小松菜はゆでて水気をしっかり絞り、細かく刻む。しいたけは石づきを切り落としてみじん切りにする。
2. ボウルに鶏ひき肉、Aを入れ、粘りがでるまで混ぜ合わせる。小松菜、しいたけ、長ねぎを加え、さらに混ぜ合わせる。
3. 2を10等分する。餃子の皮の縁に水をつけ、包む。
4. せいろにオーブンペーパーを敷き、3を並べる

こんにゃくの
おかかじょうゆ

こんにゃくは塩もみをしてあくを抜きます。しめじやささがきごぼうなどを入れても美味。

材料（2人分）
こんにゃく ………………… 100g
かつお節……………… ¼袋（1g）
しょうゆ ………………… 小さじ2
砂糖………………………… 小さじ1

作り方
1. こんにゃくは薄切りにし、塩（分量外）でもみ、水で洗って水気をきる。
2. 1、かつお節、しょうゆ、砂糖を混ぜ合わせて耐熱容器に入れ、せいろに入れる。

キャベツの
ごま味噌かけ

キャベツはあらかじめざく切りにしても。こんにゃくのせいろの空いているところで蒸します。

材料（2人分）
キャベツ ……………………… 2枚
【ごま味噌】
味噌………………………… 大さじ1
砂糖………………………… 大さじ½
白すりごま ……………… 大さじ½
しょうゆ ………………… 小さじ1
だし汁……………………… 大さじ1

作り方
1. キャベツは芯を取って半分に切る。
2. オーブンペーパーを舟形に作り、1を入れる。
【ごま味噌】
材料を混ぜ合わせる。

まとめて蒸す

鍋にたっぷりの水を入れて強火にかける。蒸気が上がったら【小松菜の和風餃子】のせいろをのせ、【こんにゃくのおかかじょうゆ】のせいろを重ねてふたをし、10分蒸す。【こんにゃくのおかかじょうゆ】のせいろに【キャベツ】を入れ、さらに3分蒸す。蒸し上がったら【キャベツ】を巻いて切り分け、ごま味噌をかける。

帆立と
ブロッコリーの
オリーブ蒸し

このメニューとなすのトマト煮は同じせいろに入れます。器はせいろに入る組み合わせで選んで下さい。

材料（2人分）

帆立	2個
塩・こしょう（帆立用）	各少量
ブロッコリー	80g
塩（ブロッコリー用）	少量
ブラックオリーブ	4粒
にんにく（みじん切り）	少量
オリーブ油	小さじ2

作り方

1. 帆立は一口大に割り、塩、こしょうを混ぜ合わせる。ブロッコリーは小房に分け、塩をふる。ブラックオリーブは輪切りにする。

2. 1、にんにく、オリーブ油を混ぜ合わせ、耐熱容器に入れる。

なすのトマト煮

なすを揚げて甘酢で煮るのがイタリアの郷土料理「カポナータ」。油をからめて蒸すこのレシピは、使う油も少なくカロリーダウンできます。

材料（2人分）

なす	2個
オリーブ油	小さじ2
トマト	½個

酢	小さじ2
砂糖	小さじ½
干しぶどう	10g
A マジョラム・タイム・ローリエ	各少量
塩	小さじ¼
こしょう	少量

作り方

1. なすはへたを切り取って角切りにし、オリーブ油を混ぜ合わせる。トマトはざく切りにする。

2. 1、Aを混ぜ合わせ、耐熱容器に入れる。せいろに入れる。

豚肉と生ハムの
重ね蒸し

イタリアンでいうところの「サルティンボッカ」。「口の中に飛び込む」の意のこの料理は、さっと作れて、さっと食べられることが名前の由来だとか。

材料（2人分）

豚肩ロース肉（しょうが焼き用）	……… 200g
塩	…… 小さじ⅙
こしょう	…… 少量
生ハム	…… 6枚
薄力粉	…… 適量
セージ	…… 6枚
バター	…… 小さじ2
白ワイン	…… 小さじ2

作り方

1. 豚肉は6等分に切り、塩、こしょうをする。生ハムで挟み、薄力粉を全体に薄くまぶす。セージをのせる。

2. 耐熱容器に**1**を入れ、バターをのせ、白ワインをかける。

まとめて蒸す

鍋にたっぷりの水を入れて強火にかける。蒸気が上がったら【豚肉と生ハムの重ね蒸し】のせいろをのせ、【なすのトマト煮】のせいろを重ねてふたをし、10分蒸す。【なすのトマト煮】のせいろに【帆立とブロッコリーのオリーブ蒸し】の器を入れ、さらに5分蒸す。

鶏肉のトマト
チーズ蒸し

トマト缶を使えば、トマトソースも簡単。トマト缶は味も濃いので、シンプルでも深い味わいに仕上がります。

材料（2人分）
鶏胸肉······················ 200g
塩（鶏肉用）··············· 小さじ⅕
こしょう（鶏肉用）··············少量
トマト缶（カットタイプ）········ 50g
塩・こしょう（トマト用）······ 各少量
ピザ用チーズ··················· 40g
バジル····················少量

作り方
1. 鶏肉は大きめのそぎ切りにし、塩、こしょうをする。トマト缶はペーパータオルの上にのせて水気をきり、塩、こしょうを混ぜ合わせる。
2. 耐熱皿に鶏肉を並べ、トマトを塗り、チーズを散らす。

ズッキーニの
アンチョヴィ蒸し

このレシピはきのこのオイルマリネと同じせいろで蒸します。時間差なので、手早く並べ入れて。

材料（2人分）
ズッキーニ ······················ ½本
アンチョヴィ（フィレ）··········· 1本
A ┌ オリーブ油·············· 小さじ1
　│ にんにく（すりおろす）······少量
　│ 塩・こしょう・一味唐辛子
　└ ······················各少量

作り方
1. ズッキーニは1cm厚さに切り、厚み半分のところに切り込みを入れる。
2. アンチョヴィは細かくたたき、Aを混ぜ合わせる。
3. ズッキーニの切り込みに**2**を塗る。
4. せいろにオーブンペーパーを敷き、**3**を並べる。

きのこの
オイルマリネ

きのこはできるだけ大きさを揃えて切って、味の染み込みを均一に。お好みで他のきのこを加えても。

材料（2人分）
しめじ ······················ 60g
しいたけ ······················ 3枚
レモン（薄切り）··················· 1枚
A ┌ オリーブ油 ··········· 小さじ2
　│ ローリエ ··············· ½枚
　│ 塩····················· 小さじ⅕
　└ こしょう ··················· 少量

作り方
1. しめじは小房に分ける。しいたけは4等分に切る。レモンは半分に切る。
2. **1**、Aを混ぜ合わせ、耐熱容器に入れる。せいろに入れる。

まとめて蒸す

鍋にたっぷりの水を入れて強火にかける。蒸気が上がったら【鶏肉のトマトチーズ蒸し】のせいろをのせ、【きのこのオイルマリネ】のせいろを重ねてふたをし、10分蒸す。【きのこのオイルマリネ】のせいろに【ズッキーニのアンチョヴィ蒸し】を入れ、さらに5分蒸す。蒸し上がったら【鶏肉のトマトチーズ蒸し】にバジルをのせる。

れんこん饅頭

ラップで包んでいるから、直接せいろに置いても大丈夫。器の大きさによっては、せいろの中の組み合わせは自由にどうぞ。

材料（2人分）

れんこん	250g
片栗粉	小さじ2
塩	少量
鶏ひき肉	120g

A
- しょうゆ ………… 小さじ1½
- みりん ………… 小さじ1½
- しょうがの絞り汁 …… 小さじ½

作り方

1. れんこんはすりおろして水気を絞り、片栗粉、塩を混ぜ合わせる。6等分に分ける。

2. 鶏ひき肉はAを混ぜ合わせる。6等分に分ける。

3. ラップを広げ、**1**のれんこんを薄く伸ばす。その上に**2**の鶏ひき肉を丸めてのせ、ラップで包んで口をひねり、茶巾状にする。ほどけないように輪ゴムなどで縛る。

4. せいろにオーブンペーパーを敷き、**3**を並べる。

トマトのだし煮

トマトがだしにひたひたに浸かって味がよく染み込むように、器は小さめのものを選ぶといいでしょう。ミニトマトでも代用できます。

材料（2人分）

トマト	小2個

A
- だし汁 ………… ¼カップ
- しょうゆ ………… 小さじ1
- みりん ………… 小さじ1
- 塩 ………… 少量

作り方

1. トマトはへたを取り、皮を湯むきする。

2. 耐熱容器に**1**、Aを入れる。せいろに入れる。

生揚げのねぎじょうゆ蒸し

蒸し上げる器は耐熱容器でも舟形のペーパーでもOK。お手もちのせいろと器の都合で選んで下さい。

材料（2人分）

生揚げ	1枚

A
- 長ねぎ（みじん切り）… 大さじ2
- しょうゆ ………… 大さじ1
- みりん ………… 小さじ1
- 赤唐辛子（輪切り）……… ½本

作り方

1. 生揚げは熱湯をかけて油抜きし、一口大に切る。

2. オーブンペーパーを舟形に作る。生揚げを入れ、Aを混ぜ合わせてかける。【トマトのだし煮】のせいろに入れる。

まとめて蒸す

鍋にたっぷりの水を入れて強火にかける。蒸気が上がったら【れんこん饅頭】のせいろをのせ、【トマトのだし煮】と【生揚げのねぎじょうゆ蒸し】のせいろを重ねてふたをし、15分蒸す。

にんじんサラダ

食感を楽しむために、長めの乱切りにしました。しんなりがお好みなら、せん切りや、ピーラーで薄切りにしてもいいでしょう。

材料（2人分）
にんじん ……………………… ½本
A ┌ 塩 ………………………… 小さじ⅕
　│ オリーブ油 ………… 小さじ2
　│ 酢 ………………………… 小さじ2
　└ 砂糖 …………………… 小さじ½

作り方
1. にんじんは長めの乱切りにする。
2. 1、Aを混ぜ合わせ、耐熱容器に入れる。せいろに入れる。

スモークチーズときのこのキッシュ

スモークチーズを加えたキッシュは、いつもとはひと味違う贅沢風味。器の下に割り箸を敷くと蒸気のめぐりが良くなり、加熱むらを防いでくれます。

材料（2人分）
エリンギ ……………………… 小1本
しめじ …………………………… 40g
ハム ……………………………… 1枚
スモークチーズ …………… 20g
卵 ………………………………… 2個
A ┌ 塩 ………………………… 小さじ⅙
　│ こしょう・ナツメグ …… 各少量
　└ 生クリーム ………… ¼カップ
ピザ用チーズ ………………… 20g

作り方
1. エリンギは軸は輪切り、笠はくし形切りにする。しめじは小房に分けて長さを半分に切る。ハムは1cm角の色紙切り、スモークチーズは小さめの角切りにする。
2. ボウルに卵を割りほぐし、Aを加えて混ぜ合わせる。
3. 耐熱容器に**1**、ピザ用チーズを入れ、**2**を注ぎ入れる。せいろに入れる。

セロリの
コンソメスープ

シャキシャキでも煮込んでやわらかくなっても美味しいセロリ。献立のスープにぴったりのメニューです。残った葉は仕上げに加えても美味。

材料（2人分）
セロリ ……………………… 1本
コンソメスープの素（固形）…… ½個
水 ……………………… 3カップ
塩 ……………………… 小さじ⅕
こしょう ……………………… 少量

作り方
1. セロリは筋を取って拍子木切りにする。
2. 鍋に水、コンソメスープの素、セロリ、塩、こしょうを入れ、煮立てる。

まとめて蒸す

【セロリのコンソメスープ】の鍋を強火にかける。蒸気が上がったら中火にし、【スモークチーズときのこのキッシュ】のせいろを重ねてふたをし、強火で3分、弱火で10分蒸す。いったんふたを取って【にんじんサラダ】のせいろを重ね、ふたをし、さらに5分蒸す。

いかの
コチュジャン
蒸し

いかは表面に切り目を入れると俄然
やわらかで食べやすく、コチュジャン
だれもからみやすくなります。

材料（2人分）

いか	1杯
┌コチュジャン	小さじ1
│しょうゆ	小さじ2
│砂糖	小さじ½
A│長ねぎ（みじん切り）	小さじ2
│にんにく（みじん切り）	
│	小さじ¼
│ごま油	小さじ1
└一味唐辛子	適量
白いりごま	少量

作り方

1. いかは内臓を取り除き、皮をむい
て開く。胴の部分は表面に格子状の
切り目を入れ、大きめの短冊切りに
する。足は食べやすい大きさに切る。

2. 1、Aを混ぜ合わせ、耐熱容器に
入れる。

せん切り
じゃがいもの
たらこバター

水分が出にくいメニューは、オーブン
ペーパーが便利。自在に形作れる
ので、鍋が小さめでも空いた場所に
並べることができます。

材料（2人分）

じゃがいも	大1個
たらこ	20g
塩	少量
酒	小さじ½
バター	小さじ1

作り方

1. じゃがいもはせん切りにし、水に
さらして水気をしっかりきる。たら
こは薄皮を取ってほぐす。

2. じゃがいもにたらこ、塩、酒を混
ぜ合わせる。

3. オーブンペーパーを舟形に作り、
2を入れ、バターをのせる。

青梗菜の
おかか蒸し

青菜ならどんな種類でも相性の良
いおかかじょうゆ。美味しくて安い
旬の青菜をお使い下さい。

材料（2人分）

青梗菜	2株
┌かつお節	¼袋（1g）
A│しょうゆ	小さじ2
│砂糖	小さじ¼
└塩	少量

作り方

1. 青梗菜は3cm長さに切る。

2. 青梗菜、Aを混ぜ合わせ、耐熱容
器に入れる。

まとめて蒸す

鍋にたっぷりの水を入れて強火にかける。蒸気が上がったら【せん切りじゃがい
ものたらこバター】の舟形をのせ、ふたをして10分蒸す。いったんふたを取って
【いかのコチュジャン蒸し】【青梗菜のおかか蒸し】の器を入れ、ふたをし、さらに
10分蒸す。蒸し上がったら【いかのコチュジャン蒸し】に白いりごまをふる。

料理のことば その2

 さ

塩もみ

刻んだ野菜に塩をふり、手でもむこと。浸透圧の作用でしんなりする。野菜の青臭みや余分な水分を除くための下処理。

塩ゆで

少量の塩を入れた熱湯で材料をゆでること。塩ゆでには色を鮮やかにする、あくや臭みを抜く、火を通してやわらかくする、水分を抜く、などの効果がある。

下ゆで

素材を調理する前にゆでておくこと。「下」は本格的な調理前をさす。下ゆですることであくが抜けたり、色がよくなったり、味が染み込みやすくなる。

香菜 (シャンツァイ)

中国パセリ。英語ではコリアンダー。独特の青臭い香りが特徴で、エスニックには欠かせないハーブ。

すが立つ

茶碗蒸しのような卵を使った蒸しものの中や表面に小さな穴ができること。加熱のしすぎが原因で、豆腐を煮たりする場合も同じことが起こる。火加減と加熱時間に気をつければ防げる。また、大根などの野菜の内部に穴があいているのも「すが立った」状態。

スワンラータン

酢の酸味とこしょうの辛みをきかせたスープ。材料は肉、野菜、豆腐など、さまざまなものが用いられる。水溶き片栗粉でとろみをつけ、溶き卵を流して仕上げる。

ぜいご

鯵の体側にあるとげに煮たうろこのこと。残しておくと口当たりが悪いので、そぎ取ってから調理する。「ぜんご」ともいう。

た

チャービル

パセリに似た上品で甘い香りと風味をもつハーブ。フランスでは「セルフィーユ」といい、生のままサラダやソースなどに使う。

甜面醤 (ティエンミェンジャン)

小麦粉にこうじを加えて発酵させた中国の甘い味噌。

ディル

地中海沿岸のセリ科のハーブ。葉にはさわやかな芳香があり、魚とよく合うので「魚のハーブ」とも呼ばれている。

手水

おにぎりをにぎるときや、餅をつくときに手につける水。水をつけておくと、ご飯や餅が手につきにくくなる。

豆板醤 (トウバンジャン)

蒸したそら豆を大豆、小麦粉とともに発酵させ、赤唐辛子、塩などを加えて熟成させたピリ辛味噌。四川料理に多用され、辛みだけでなくコクのある風味もつく。

 な

ナツメグ

甘い香りとほろ苦さが特徴。消臭効果があり、ハンバーグ、ミートローフなどのひき肉料理、お菓子やパンなどにもよく使われる。

鍋肌

鍋の内側の側面のこと。「鍋肌から入れる」とあったら、加熱途中の熱い鍋の側面にそって調味料などを入れる。

生揚げ

厚めに切った豆腐に重しをかけて水気をきり、高温の油で揚げたもの。「厚揚げ」ともいう。

ナムル

韓国料理のあえもののこと。一般的にはゆでた野菜やゼンマイなどを、ごま油、しょうゆ、おろしにんにく、いりごま、粉唐辛子などで調味する。

ナンプラー

小魚を塩漬けにし、上澄み液を発酵させた魚醤。タイでは「ナンプラー」、ベトナムでは「ヌクマム」という。

煮ころがす

材料をころがすように混ぜながら、または鍋をゆすりながら、焦げつかないように煮ること。煮くずれしにくい材料を少量の煮汁で煮るときに使う。

煮つめる

煮汁の水分を飛ばしながら、味を凝縮させていくこと。

第6章

デザートつき献立

やっぱり欲しい甘いもの。

デザートがあるのとないのとでは、満足感が違います。

デザートのある食事は女子でなくとも気分が高まろうというものです。

プリンや和スイーツなど、人気のデザートは

意外と「蒸す」料理法に適っていました。

せいろでデザートだけを蒸してみる、

なんて使い方もありだと思います。

鰤の
柚子あんかけ

鰤をとろろ昆布で巻いて、簡単に風味を上げます。あんも蒸し器の中で一緒に加熱。とろみをつけて一気に仕上げます。

材料（2人分）
鰤······························ 2切れ
塩······························ 小さじ⅙
酒······························ 小さじ1
とろろ昆布······················少量
柚子（輪切り）·················· 2枚
A ┌ だし汁················ 大さじ3
  │ みりん················ 大さじ½
  │ しょうゆ·············· 大さじ½
  └ 片栗粉················ 小さじ½

作り方
1. 鰤は1切れを3等分に切り、塩、酒を混ぜ合わせる。柚子は半分に切る。
2. 鰤はとろろ昆布で巻き、耐熱容器に入れる。柚子を散らす。
3. 小さめの耐熱容器にAを入れ、**2**とともにせいろに入れる。

野菜蒸しご飯

だしの類は一切入れず、ちりめんじゃこを隠し味に。ご飯を入れたらせいろに隙間を作り、栗蒸しようかんを並べます。

材料（2人分）
ご飯···························· 400g
A ┌ みりん················ 小さじ2
  │ しょうゆ·············· 小さじ2
  │ ごま油················ 小さじ1
  │ 塩····················小さじ⅙
  └ ちりめんじゃこ········ 大さじ2
たけのこ························80g
しめじ··························60g
にんじん························20g

作り方
1. ご飯はAを混ぜ合わせる。たけのこは薄切り、にんじんは細めの短冊切りにする。しめじは小房に分けて長さを半分に切る。
2. せいろにオーブンペーパーを敷き、ご飯を入れる。たけのこ、しめじ、にんじんをのせる。

栗蒸しようかん

型はアルミ箔の手作りがおすすめ。大きさを自在に決められ、蒸し上がりも取り出しやすいのが便利です。

材料（2人分）
粒あん··························80g
薄力粉·················· 小さじ2½
片栗粉·················· 小さじ1
栗の甘露煮······················ 2粒

作り方
1. 粒あんに薄力粉、片栗粉を混ぜ合わせる。栗を4等分に切る。
2. アルミ箔で4cm×8cm×高さ2cmほどの型を作り、**1**のあんを平らに入れ、栗を少し埋めるようにのせる。【野菜蒸しご飯】のせいろに入れる。

まとめて蒸す

鍋にたっぷりの水を入れて強火にかける。蒸気が上がったら【鰤の柚子あんかけ】のせいろをのせ、【野菜蒸しご飯】と【栗蒸しようかん】のせいろを重ねてふたをし、15分蒸す。蒸し上がったら【鰤の柚子あんかけ】に温めたあんを混ぜ合わせてかける。【栗蒸しようかん】は冷めてから切り分ける。

ロールキャベツ

鍋の大きさはロールキャベツを並べてあまり隙間ができないものを選びます。大きすぎると煮くずれの原因になるので注意。

材料（2人分）
キャベツ	4枚
塩・こしょう（キャベツ用）	各少量
玉ねぎ	30g
合いびき肉	150g
A ┌ 塩	小さじ⅕
└ こしょう	少量
卵	¼個
ミニトマト	6個
コンソメスープの素（固形）	½個
水	2½カップ
塩	小さじ⅕
こしょう	少量
ローリエ	1枚
バター	小さじ2

作り方

1. キャベツはゆでて芯をそぎ落とし、塩、こしょうをする。

2. キャベツの芯、玉ねぎはみじん切りにする。

3. ボウルに**2**、合いびき肉、A、卵を入れ、混ぜ合わせる。

4. **3**を4等分に分け、**1**のキャベツで包み、楊枝で止める。

5. 鍋にコンソメスープの素、水、ローリエを入れて煮立てる。**4**、へたを取ったトマト、塩、こしょう、バターを入れる。

ジャーマンポテト

炒め油を使わない代わりに、ソースはマヨネーズタイプでコクを出しました。ジャーマンポテトとポテトサラダの中間のような雰囲気です。

材料（2人分）
じゃがいも …………………… 2個
玉ねぎ………………………… 50g
ベーコン ……………………… 1枚
塩…………………………… 小さじ⅕
こしょう ……………………… 少量
【マスタードマヨネーズ】
粒マスタード …………… 大さじ½
マヨネーズ ……………… 大さじ2

作り方
1. じゃがいもは一口大に切り、水にさらして水気をきる。玉ねぎは薄切り、ベーコンは2cm幅に切る。
2. 1に塩、こしょうを混ぜ合わせる。
3. せいろにオーブンペーパーを敷き、2を入れる。
【マスタードマヨネーズ】
材料を混ぜ合わせる。

蒸しりんご

加熱したりんごの美味しさはまた格別。生クリームやバニラアイスを添えても美味しいです。

材料（2人分）
りんご ………………………… 1個
砂糖………………………… 小さじ2
レモンの絞り汁 ………… 小さじ1
レモン（輪切り） …………… 1枚
シナモンスティック ………… 1本

作り方
1. りんごは4等分に切り、芯を取ってさらに横半分に切る。
2. 1、レモンの絞り汁、砂糖を混ぜ合わせ、耐熱容器に入れ、レモン、シナモンを入れる。

まとめて蒸す

【ロールキャベツ】の鍋を強火にかける。蒸気が上がったら【蒸しりんご】のせいろをのせ、【ジャーマンポテト】のせいろを重ねてふたをし、中火で20分蒸す。蒸し上がったら【ジャーマンポテト】にマスタードマヨネーズをかける。

豚肉のトマト
バルサミコ酢
蒸し

仕上がりはトマトの水分がたっぷり
と溶け出して、スープのよう。旨味の
中で蒸された豚肉はしっとりジュー
シーでつやつやです。

材料（2人分）
豚ヒレ肉……………………… 200g
塩…………………………… 小さじ⅓
黒こしょう…………………… 少量
トマト………………………… 1個
A ┌ バルサミコ酢………… 小さじ2
　│ はちみつ……………… 小さじ1
　└ にんにく（みじん切り）…¼片分
バター……………………… 小さじ1

作り方
1. 豚ヒレ肉は1cm厚さに切り、塩、
こしょうをする。トマトは薄切りに
する。
2. 耐熱容器に豚肉、トマトを交互に
のせる。Aを混ぜ合わせてかけ、バ
ターを散らす。

キャベツと
あさりの
レモン蒸し

あさりはキャベツの上になるように
置いて蒸すといいかもしれません。
あさりのエキスが落ちて、キャベツに
しっとり風味がつきます。

材料（2人分）
キャベツ…………………………2枚
あさり………………… 殻つき150g
レモン（輪切り）………………2枚
A ┌ 白ワイン…………… 小さじ2
　│ 塩…………………… 小さじ⅙
　└ こしょう………………… 少量

作り方
1. キャベツはざく切りにする。あさ
りは殻をよく洗う。
2. 1、レモン、Aを混ぜ合わせ、耐
熱容器に入れる。せいろに入れる。

プリン

カラメルソースは献立を蒸している
間に作って段取りよく。プリンは蒸
し上がったら冷蔵庫で冷やし、食事
の最後にいただきます。

材料（2人分）
卵……………………………… 2個
砂糖…………………………50g
牛乳………………… 1⅓カップ
バニラエッセンス …………少量
【カラメルソース】
グラニュー糖 …………………20g
湯…………………………… 大さじ2

作り方
1. 牛乳は温める。
2. ボウルに卵を割りほぐし、砂糖を
加えて混ぜ合わせる。温めた牛乳を
加えて混ぜ、漉す。バニラエッセン
スを加えて混ぜ合わせ、耐熱容器に
注ぎ入れる。【キャベツとあさりのレ
モン蒸し】のせいろに入れる。
【カラメルソース】
小さめの鍋にグラニュー糖を入れて
弱火にかける。きつね色になったら
火からおろし、湯を加えて再び弱火
にかけ、煮溶かす。

まとめて蒸す

鍋にたっぷりの水を入れて強火にかける。蒸気が上がったら【豚肉のトマトバル
サミコ酢蒸し】のせいろをのせ、【キャベツとあさりのレモン蒸し】と【プリン】の
せいろを重ねてふたをし、強火で3分、弱火にして15分蒸す。蒸し上がったら【プ
リン】は冷やし、カラメルソースをかける。

鶏肉のコーン
クリーム蒸し

鶏肉に薄力粉をまぶすのはクリームのからみをよくするため。粉が多すぎるとだまになるので、余分ははらってクリームと混ぜ合わせます。

材料（2人分）
鶏胸肉‥‥‥‥‥‥‥‥‥‥‥‥ 200g
塩（鶏肉用）‥‥‥‥‥‥‥‥小さじ¼
こしょう（鶏肉用）‥‥‥‥‥少量
薄力粉‥‥‥‥‥‥‥‥‥‥‥適量
  ┌コーン缶（クリームタイプ）
  │ ‥‥‥‥‥‥‥‥‥‥‥‥80g
  │コーン缶（粒タイプ）‥‥‥20g
A│生クリーム‥‥‥‥‥ 大さじ3
  │塩・こしょう‥‥‥‥‥各少量
  └バター‥‥‥‥‥‥ 小さじ1

作り方
1. 鶏肉は一口大のそぎ切りにし、塩、こしょうをし、薄力粉を全体に薄くまぶす。
2. Aを混ぜ合わせる。
3. **1**と**2**を混ぜ合わせ、耐熱容器に入れる。せいろに入れる。

オレンジの
コンポート

さまざまなフルーツで応用できるコンポート。フルーツ以外のレシピは同じなので、季節のものでどうぞ。

材料（2人分）
オレンジ‥‥‥‥‥‥‥‥‥‥ 1個
プルーン‥‥‥‥‥‥‥‥‥‥ 4個
シナモンスティック‥‥‥‥‥ 3cm
クローブ‥‥‥‥‥‥‥‥‥‥ 2個
  ┌赤ワイン‥‥‥‥‥‥‥¼カップ
A│レモン（輪切り）‥‥‥‥ 1枚
  │水‥‥‥‥‥‥‥‥‥½カップ
  └砂糖‥‥‥‥‥‥‥‥‥‥50g

作り方
1. オレンジは皮をむく。縦半分に切り、さらに横に3等分に切る。
2. 耐熱容器にAを入れて混ぜ合わせ、オレンジ、プルーン、シナモン、クローブを入れる。せいろに入れる。

トマトスープ

身近な材料が嬉しい具だくさんスープ。すべての素材を小さめに角切りにするなど、切り方を変えるとまた雰囲気が変わって新鮮です。

材料（2人分）
キャベツ ……………………… 1枚
にんじん ……………………… 40g
大根……………………………… 100g
玉ねぎ ………………………… ¼個
にんにく ……………………… ¼片
赤唐辛子……………………… ½本
ウインナー …………………… 4本
トマト缶（カットタイプ）…… 100g
コンソメスープの素（固形）…… ½個
水……………………………… 3カップ
塩……………………………… 小さじ⅓
こしょう ……………………… 少量

作り方
1. キャベツはざく切り、にんじん、大根は拍子木切り、玉ねぎはくし形切り、にんにくは薄切りにする。唐辛子は半分に切り、ウインナーは斜めに切り目を入れる。
2. 鍋にコンソメスープの素、水を入れて煮立て、キャベツ、にんじん、大根、玉ねぎ、トマト、唐辛子、にんにくを入れて煮る。

まとめて蒸す

【トマトスープ】の鍋を強火にかける。蒸気が上がったら中火にし、【鶏肉のコーンクリーム蒸し】のせいろをのせ、【オレンジのコンポート】のせいろを重ねてふたをし、15分蒸す。蒸し上がったらせいろを外し、【トマトスープ】に塩、こしょう、ウインナーを加え、ひと煮立ちさせる。

鱈のねぎ蒸し

塩鱈を使う場合は下味の塩を使わず酒だけに。このねぎソース、他の白身魚とも相性抜群です。是非お試しあれ。

材料（2人分）
生鱈······························ 2切れ
塩······························· 小さじ¼
酒······························· 小さじ1
A ┌ 長ねぎ（みじん切り）··· 大さじ3
  │ 粉山椒························少量
  │ 塩··························少量
  └ ごま油····················· 小さじ1

作り方
1. 鱈は塩、酒をふる。
2. Aを混ぜ合わせる。
3. 耐熱容器に鱈を置き、**2**をかける。せいろに入れる。

カリフラワーの梅蒸し

このメニューは抹茶饅頭と同じせいろに入れるので、器の大きさはあらかじめ計算して。梅干しは練り梅で代用してもOK。

材料（2人分）
カリフラワー ·····················80g
梅干し ··························· 1個
A ┌ 酢······················ 小さじ1
  │ みりん··················小さじ½
  └ 塩························少量

作り方
1. カリフラワーは小房に分ける。
2. 梅干しは細かくたたき、Aと混ぜ合わせる。
3. **1**と**2**を混ぜ合わせ、耐熱容器に入れる。

抹茶饅頭

饅頭の皮は発酵なしでできるのが魅力です。手作りの饅頭は風味豊かで至極美味。蒸し上がりの抹茶の香りを楽しんで。

材料（2人分）
A ┌ 薄力粉······················15g
  │ ベーキングパウダー
  │ ············· 小さじ⅛（0.5g）
  └ 抹茶·····················小さじ⅙
砂糖······················· 小さじ2
水························· 小さじ1½
こしあん ·······················40g

作り方
1. ボウルにAをふるい入れ、砂糖、水を加えてさっくりと混ぜ合わせる。半分に分ける。
2. あんは半分に分け、丸める。
3. 手に薄力粉（分量外）をつけ、**1**の生地を直径4cmくらいに丸く平らに伸ばす。**2**のあんを包んで丸くまとめる。8〜10cm角ほどに切ったオーブンペーパーにのせ、霧吹きをする。せいろに入れる。

まとめて蒸す

鍋にたっぷりの水を入れて強火にかける。蒸気が上がったら【抹茶饅頭】のせいろをのせ、【鱈のねぎ蒸し】のせいろを重ねてふたをし、10分蒸す。【抹茶饅頭】のせいろに【カリフラワーの梅蒸し】の器を入れ、さらに5分蒸す。

レモン求肥

レモンの風味がさわやかな求肥は
ふわふわのもちもち。蒸し立ての求
肥は熱いので気をつけて。

材料(2人分)
レモンの皮 ……………………… 少量
┌白玉粉 ………………………… 50g
│砂糖 …………………………… 50g
A│水 …………………………… ¼カップ
└レモンの絞り汁 ……… 小さじ2
片栗粉 …………………………… 適量

作り方
1. レモンの皮はせん切りにする。
2. ボウルにAを入れて混ぜ合わせ、**1**
を加えて混ぜ合わせる。
3. オーブンペーパーを舟形に作り、
2を入れる。せいろに入れる。

青野菜の
オイスター
ソース蒸し

ちょっぴりカレー粉を加えると、オイ
スターソースが多国籍風に。小松
菜、青梗菜など、青菜ならほとんどの
もので応用できます。

材料(2人分)
ピーマン ………………………… 2個
豆苗 …………………………… 1パック
┌オイスターソース …… 小さじ½
│しょうゆ ……………… 小さじ2
A│こしょう・カレー粉 …… 各少量
└塩 ……………………………… 少量

作り方
1. ピーマンは縦半分に切って種を取
り、さらに横に半分に切る。豆苗は
長さを半分に切る。
2. Aを混ぜ合わせる。
3. **1**と**2**を混ぜ合わせ、耐熱容器に
入れる。せいろに入れる。

蒸し鶏の
中華ごまだれ

蒸し鶏は水分が出るので、ペーパーでしっかりと包んで加熱します。冷めてもジューシーで美味しいのもこのレシピの魅力。

材料（2人分）
鶏もも肉……………………………… 1枚
塩・こしょう ………………………各少量
しょうが（薄切り） ……………… 2枚
長ねぎ…………………… 青い部分5cm
【中華ごまだれ】
練りごま ………………… 小さじ2
しょうゆ ………………… 大さじ1
酢………………………… 小さじ1
砂糖……………………………小さじ½
にんにく（みじん切り） ……¼片分
しょうが（みじん切り） ……薄切り1枚分
長ねぎ（みじん切り） ……… 小さじ1
ラー油………………………小さじ½
ごま油………………………… 小さじ1

作り方
1. 鶏肉は塩、こしょうをする。
2. オーブンペーパーに鶏肉、しょうがと長ねぎをのせ、包む。【レモン求肥】のせいろに入れる。
【中華ごまだれ】
ボウルに練りごまを入れ、他の材料を加えながら混ぜ合わせる。

まとめて蒸す

鍋にたっぷりの水を入れて強火にかける。蒸気が上がったら【蒸し鶏】と【レモン求肥】のせいろをのせ、ふたをして15分蒸す。いったんふたを取って【青野菜のオイスターソース蒸し】のせいろを重ね、ふたをし、さらに5分蒸す。
バットに片栗粉を敷いて準備し、蒸し上がったら【レモン求肥】をバットにのせる。半分に折って冷まし、切り分ける。【蒸し鶏】は食べやすい大きさに切り、中華ごまだれをかける。

料理のことば その3

は

はかま
アスパラガスの穂先に向かってある、三角形の部分。堅い場合は口当たりをよくするために取り除いてから調理する。

八角（はっかく）
実は八角の放射線状で6〜8個の舟形のさやに種子が1個ずつ入っている。実は熟すと赤褐色の木質になり、さやはよい香りとほのかな苦みがある。さやごと乾燥させて中国料理の香辛料に用いられる。

花巻（はなまき）
変わり型の中華饅頭で、蒸しパンのようなもの。巻き方や折り方によってさまざまなものができる。「ホワンチュエン」。

バルサミコ酢
イタリアの伝統的な醸造酢。ぶどう液を煮詰めたものを酢酸発酵させてじっくりと熟成させる。まろやかな甘みと芳醇な香りがあり、暗褐色をしている。

ひと煮立ち
煮ものや汁ものなど、鍋の中で一度煮立った状態。「ひと煮立ちしたら火を止める」というように、ひと呼吸おくくらいのごく短い時間の煮立ちをいう。

フォカッチャ
イタリアのパン。発酵生地を伸ばし、塩味とオリーブ油をきかせて焼く。

フランベ
加熱中の材料に酒をふりかけ、蒸発したアルコール分に火をつけて燃やすこと。火を入れずにアルコール分を飛ばすことを「煮きる」という。

プルーン
干しすもも。そのまま食べられるが、菓子や料理の材料にも使われる。

ま

水気をきる
材料についている余分な水分を除くこと。ざるに入れたり、ふきんやペーパータオルで拭き取る。

水にさらす
野菜のあくが水に溶けやすい性質を利用したあく抜きの手法。たっぷりの水に浸す。栄養分や美味しさが失われないように、2〜3分ほどで水から上げる。塩蔵品の塩抜きをするときも水にさらす。

水にとる、水に放す
ボウルなどに入れてたっぷりの水に材料をひたす。

面とり
野菜を切ったあとに、切り口や角を少しだけ落とすこと。大根やかぼちゃ、にんじんを煮込むときに使う下ごしらえ。煮くずれを防ぐ効果があり、形もととのって美しく仕上がる。

もどす
干ししいたけやひじき、ドライトマトなどの乾物や塩蔵品をもとの状態にすること。「水につけてもどす」などという。

もみ洗い
貝や塩をふったおくらなど、手の中でこすり合わせ、もむようにして洗うこと。材料の表面についている汚れを落とすのに効果的。

や

柚子こしょう
柚子の皮と唐辛子を刻み、塩を混ぜてすりつぶして熟成させたもの。産地の九州では唐辛子をこしょうと呼ぶことからこの名前が。

ゆでこぼす
材料をゆでて、ゆで汁だけを捨てること。あく抜きやぬめりを取るためにする。

湯むき
主にトマトの皮をむくときの方法。熱湯にさっとくぐらせると、皮がさっとむける。熱湯に通したあと、冷水にとって余熱で加熱されるのを防ぐこともある。

わ

わた
魚介類の内臓のこと。かぼちゃなどの種を包んでいるやわらかい部分もわたという。

第7章

オイル蒸し献立

オイルはあらかじめ調味料に加えて、材料にからめて加熱します。
油分を加えることで食感はしっとり、
旨味が凝縮されてできあがるのが「オイル蒸し」の利点です。
オイル蒸しの料理は献立の1品で、
加えるオイルはほんの少しですから、
カロリーに神経質にならなくても大丈夫。

鮭のバター
じょうゆ蒸し

バターじょうゆ味はご飯がすすむこと請け合い。野菜で季節感が出せるので、定番の鮭を七変化させることができます。

材料(2人分)
生鮭 ························· 2切れ
塩・こしょう ··············· 各少量
しめじ ························· 40g
赤パプリカ ··················· 40g
しょうゆ ··················· 大さじ1
バター ····················· 小さじ2

作り方
1. 鮭は塩、こしょうをする。しめじは小房に分ける。赤パプリカは細切りにする。
2. オーブンペーパーを舟形に作り、鮭を入れてしめじ、赤パプリカをのせ、しょうゆをかけ、バターをのせる。

卵おかかご飯

卵に火を通して楽しむ、卵かけご飯の進化系!? 旨味のかつお節も加わった、しみじみと美味しいご飯です。

材料(2人分)
ご飯 ························· 400g
しょうゆ ··················· 大さじ1
みりん ····················· 大さじ½
かつお節 ················ ½袋(2g)
卵 ····························· 1個
砂糖 ······················· 小さじ½
かつお節(仕上げ用) ··········· 少量

作り方
1. ご飯にしょうゆ、みりん、かつお節を加えて混ぜ合わせる。
2. ボウルに卵を割りほぐし、砂糖を加えて混ぜ合わせる。
3. 1のおかかご飯を耐熱容器に入れる。

れんこんと
いんげんの
柚子こしょう味噌

柚子こしょう味噌はでき上がりにかけるのではなく、一緒に加熱して。まろやかに、味が馴染みます。

材料(2人分)
れんこん ····················· 100g
さやいんげん ················· 12本
　　┌柚子こしょう ········· 小さじ¼
A　│味噌 ··················· 大さじ1
　　└みりん ··············· 大さじ½

作り方
1. れんこんは輪切り、さやいんげんは3cm長さに切る。
2. Aを混ぜ合わせ、柚子こしょう味噌を作る。
3. 耐熱容器に**1**を入れ、**2**をかける。

まとめて蒸す

鍋にたっぷりの水を入れて強火にかける。蒸気が上がったら【鮭のバターじょうゆ蒸し】の舟形、【卵おかかご飯】の器をのせ、ふたをして10分蒸す。いったんふたを取って【卵おかかご飯】に卵液をかけ、【れんこんといんげんの柚子こしょう味噌】の器を入れ、ふたをし、さらに7～8分蒸す。蒸し上がったら【卵おかかご飯】にかつお節をかける。

麻婆なす

なすは少しだけ時間をかけて、じんわりと調味料を染み込ませます。ところどころ皮をむくと中までしっかり風味豊か。

材料（2人分）

なす	3本
サラダ油	大さじ1

A
豚ひき肉	80g
長ねぎ（みじん切り）	大さじ2
にんにく（みじん切り）	小さじ¼
しょうが（みじん切り）	小さじ¼
豆板醤	小さじ½
甜麺醤	小さじ1½
しょうゆ	大さじ1
酒	小さじ1
ごま油	小さじ1
片栗粉	小さじ½

ニラ	20g

作り方

1. なすは縦に間隔をあけて皮をむき、乱切りし、サラダ油を混ぜ合わせる。

2. ニラは2cm長さに切る。

3. Aを混ぜ合わせ、**1**のなすを加えて混ぜ、耐熱容器に入れる。せいろに入れる。

まとめて蒸す

鍋にたっぷりの水を入れて強火にかける。蒸気が上がったら【里いもサラダ】と【ごぼうと牛肉のきんぴら】のせいろをのせ、【麻婆なす】のせいろを重ねてふたをし、20分蒸す。【麻婆なす】にニラを入れ、さらに2分蒸す。蒸し上がったら【里いもサラダ】の里いもの皮をむいてざっくりとつぶし、ごまマヨネーズを混ぜ合わせる。

ごぼうと牛肉
のきんぴら

牛肉を加えれば、いつものきんぴら
が一気に贅沢な一皿に。お好みで
ごまをふりかけても美味しいです。

材料（2人分）
牛こま肉……………………50g
ごぼう………………………50g
しょうが（薄切り）…………… 1枚
赤唐辛子……………………½本
A {
しょうゆ…………… 小さじ1½
砂糖……………………小さじ½
ごま油…………………小さじ½
}

作り方
1. ごぼうはささがきにし、水にさら
して水気をきる。牛肉は一口大に切
る。しょうがはせん切り、唐辛子は
輪切りにする。
2. Aと**1**を混ぜ合わせ、耐熱容器に
入れる。せいろに入れる。

里いもサラダ

里いもは皮つきのまま加熱したほう
が、ほっくりと仕上がります。栄養
分を逃さないのもポイント。

材料（2人分）
里いも………………………… 3個
【ごまマヨネーズ】
マヨネーズ………………… 大さじ1
白すりごま………………… 小さじ1
しょうゆ……………………小さじ½

作り方
1. 里いもは皮をよく洗う。耐熱容器
に入れ、【ごぼうと牛肉のきんぴら】
のせいろに入れる。
【ごまマヨネーズ】
材料を混ぜ合わせる。

鯵のガーリック
オイル

ソースにオイルを加えることでしっとりと旨味を凝縮、蒸し料理だから身はふっくらと蒸し上がります。

材料（2人分）
鯵………………………………2尾
塩……………………………小さじ¼
こしょう………………………少量
A ┌ にんにく（みじん切り）…½片分
　│ 玉ねぎ（みじん切り）… 大さじ1
　│ オリーブ油 ………… 大さじ1
　└ 塩・こしょう ………… 各少量
レモン（薄切り）…………………2枚
タイム……………………………2本

作り方
1. 鯵はうろこ、ぜいご、えら、内臓を取り除いて洗う。水気を拭き、塩、こしょうをする。
2. Aを混ぜ合わせる。
3. 鯵は耐熱容器にのせ、**2**をかけ、レモンとタイムをのせる。せいろに入れる。

アスパラの
バター蒸し

アスパラガスは太いものなら4本程度、細いものなら6本程度、100gくらいが分量です。

材料（2人分）
アスパラガス …………………1束
バター……………………… 小さじ2
塩………………………小さじ⅙
こしょう ………………………少量

作り方
1. アスパラガスは堅い部分を切り、はかまを削り取り、乱切りにする。
2. オーブンペーパーで舟形を作る。アスパラガスを入れて塩、こしょうをふり、バターをのせる。

スナップ
えんどうと
わかめの卵とじ

スナップえんどうは味が染み込むように、半分に割って調理します。

材料（2人分）
スナップえんどう …………40g
わかめ………………戻して80g
A ┌ だし汁 ……………… 大さじ3
　│ しょうゆ …………… 大さじ½
　└ 砂糖………………小さじ⅔
卵………………………………1個

作り方
1. スナップえんどうは筋を取ってゆで、半分に割る。わかめは一口大に切る。
2. Aを混ぜ合わせる。
3. **1**と**2**を混ぜ合わせ、耐熱容器に入れ、溶いた卵を回し入れる。せいろに入れる。

まとめて蒸す

鍋にたっぷりの水を入れて強火にかける。蒸気が上がったら【鯵のガーリックオイル】のせいろをのせ、【スナップえんどうとわかめの卵とじ】のせいろを重ねてふたをし、10分蒸す。【スナップえんどうとわかめの卵とじ】のせいろに【アスパラのバター蒸し】の舟形を入れ、さらに5分蒸す。

えびの
オーロラソース

マヨネーズとケチャップを合わせた
ものが日本版「オーロラソース」。魚
介類を美味しくする、きれいな色の
ソースです。

材料（2人分）
えび………………………………8尾
塩・こしょう（えび用）………各少量
┌ マヨネーズ……………… 大さじ2
│ トマトケチャップ ……… 大さじ½
A│ 砂糖………………………小さじ½
└ 塩・こしょう …………各少量

作り方
1. えびは殻をむいて背わたを取り、
塩、こしょうをする。
2. Aを混ぜ合わせる。
3. 1と2を混ぜ合わせ、耐熱容器に
入れる。せいろに入れる。

蒸し
フォカッチャ

ドライトマト、オリーブ、チーズと、風味
も旨味も満載。大きく蒸してカットして
も、あらかじめ小さく丸めてもOK。

材料（2人分）

強力粉	150g
ドライイースト	小さじ1

	オリーブ油	小さじ2
	牛乳	大さじ2
A	60℃の湯	80cc
	砂糖	大さじ1
	塩・こしょう	各少量

バジル（粗みじん切り）	4枚
ドライトマト（粗く刻む）	1個
ブラックオリーブ（輪切り）	4個
パルメザンチーズ	小さじ2

作り方

1. ボウルに強力粉、ドライイースト
をふるい入れ、Aを加えて、なめら
かになるまでこね合わせる。バジル
を加えて混ぜ合わせ、丸くまとめる。
ラップをかけ、温かいところに1時
間ほど置き、発酵させる。

2. 1が倍量に膨れたら、手でつぶし
て空気を抜く。

3. 台に打ち粉（分量外）をし、2を置
く。麺棒で直径15cmくらいに伸ば
し、ドライトマト、オリーブを散らし、
チーズをかける。ラップをかけ、室
温に15分置く。

4. せいろにオーブンペーパーを敷
き、3を入れる。

蒸しピクルス

漬け汁と一緒に蒸すから、短時間
でもしっかり味が浸透。数種類の
ハーブやスパイスが味を深めます。

材料（2人分）

赤パプリカ	¼個
きゅうり	½本
かぶ	1個
しょうが	1片

	ローリエ	小1枚
	赤唐辛子	½本
	レモン（輪切り）	1枚
	酢	大さじ1½
A	コリアンダー	3粒
	ブラックペッパー	5粒
	クローブ	1粒
	塩	小さじ⅓
	砂糖	大さじ1
	水	⅓カップ

作り方

1. 赤パプリカ、きゅうりは乱切り、
かぶはくし形切り、しょうがは薄切
りにする。

2. Aを混ぜ合わせる。

3. 1と2を混ぜ合わせ、耐熱容器に
入れる。【えびのオーロラソース】の
せいろに入れる。

まとめて蒸す

鍋にたっぷりの水を入れて強火にか
ける。蒸気が上がったら【蒸しフォカ
ッチャ】のせいろをのせ、ふたをして
10分蒸す。いったんふたを取って【え
びのオーロラソース】と【蒸しピクル
ス】のせいろを重ね、ふたをし、さら
に10分蒸す。

豚肉と
にんにくの茎の
キムチ蒸し

このメニューのオイルはもちろんご
ま油。豚肉とキムチ、黄金の組み合
わせがいっそう美味しくなります。

材料（2人分）

豚薄切り肉 …………………… 150g

A ┌ しょうゆ ………………… 大さじ1
  │ 酒 ……………………… 大さじ½
  └ こしょう ………………… 少量

片栗粉 …………………… 小さじ1
キムチ …………………………80g
にんにくの茎 …………………50g
にんじん ………………………20g
長ねぎ ………………………… ¼本

B ┌ ごま油 ………………… 小さじ1
  │ しょうゆ ………………… 小さじ1
  └ 砂糖 …………………… 小さじ½

白いりごま …………………… 少量

作り方

1. 豚肉は4cm長さに切る。Aを混
ぜ合わせ、片栗粉を加えて混ぜる。
2. キムチはざく切り、にんにくの茎
は3cm長さ、にんじんは短冊切り、
長ねぎは乱切りにする。
3. Bを混ぜ合わせ、**1**、**2**を加えて
混ぜ、耐熱容器に入れる。せいろに
入れる。

なすのナムル

なすは味がよく染み込むように、蒸
し上がりを手で裂いて、熱々のうち
にナムルだれとあえます。

材料（2人分）

なす ………………………… 2本

A ┌ しょうゆ ………………… 小さじ2
  │ 砂糖 …………………… 小さじ½
  │ ごま油 ………………… 小さじ1
  │ にんにく（みじん切り） ……少量
  │ 長ねぎ（みじん切り） …小さじ½
  │ 一味唐辛子 ………………少量
  └ 塩 ………………………… 少量

白髪ねぎ（好みで） ……………少量

作り方

1. なすはへたを切り取る。耐熱容器
に入れ、せいろに入れる。
2. Aを混ぜ合わせ、ナムルだれを作
る。

わかめスープ

もやしは根を取るひと手間も美味し
さへの道。旨味の多い豆もやしで
是非。

材料（2人分）

わかめ ………………戻して30g
長ねぎ …………………………3cm
豆もやし ………………………50g
中華スープの素（顆粒） ……小さじ½
水 ………………………… 3カップ
酒 …………………………小さじ2
塩 …………………………小さじ½
こしょう ……………………… 少量
しょうゆ …………………小さじ½

作り方

1. わかめは一口大、長ねぎはせん切
りにする。豆もやしは根を取る。
2. 鍋に水、中華スープの素、酒、豆
もやしを入れ、煮立てる。

まとめて蒸す

【わかめスープ】の鍋を強火にかける。蒸気が上がったら中火にし、【豚肉とにん
にくの茎のキムチ蒸し】のせいろをのせ、【なすのナムル】のせいろを重ね、ふた
をし、15分蒸す。蒸し上がったらせいろを外し、【わかめスープ】の鍋にわかめ、
長ねぎを入れ、塩、こしょう、しょうゆを加え、ひと煮立ちさせる。【なすのナム
ル】はなすを縦に裂き、ナムルだれと混ぜ合わせる。好みで白髪ねぎをのせる。【豚
肉とにんにくの茎のキムチ蒸し】に白いりごまをふる。

手羽先の香味
じょうゆ蒸し

香菜の入った薬味だれはエスニック
風のエッセンスも漂います。葉の部
分は無駄なくラーメンに。

材料（2人分）

手羽先………………………… 6本
塩…………………………… 小さじ⅙
こしょう…………………………少量
しょうゆ…………… 大さじ1
砂糖………………… 小さじ1
ごま油……………… 小さじ1
長ねぎ（みじん切り）…大さじ½
A　にんにく（みじん切り）…½片分
香菜の茎（みじん切り）… 4本分
甜面醤………………… 小さじ1
一味唐辛子…………………少量
八角…………………… 1片

作り方

1. 手羽先は塩、こしょうをすり込む。

2. Aを混ぜ合わせ、**1**を漬け込んで
20分置く。

3. 耐熱容器に**2**を入れ、せいろに入
れる。

スワンラータン

卵は細く流し入れて、繊細なかきたまを作ります。とろみをつけてあるから、失敗も少ないのが嬉しいところ。

材料(2人分)
豚肉……………………………50g
塩・こしょう(豚肉用)………各少量
片栗粉(豚肉用)………………小さじ½
たけのこ………………………40g
えのきたけ……………………40g
長ねぎ…………………………6cm
豆腐……………………………50g
A ┌ 中華スープの素(顆粒)
  │ ……………………………小さじ½
  │ 水………………………3½カップ
  └ 酒………………………大さじ1
B ┌ しょうゆ………………大さじ1½
  │ こしょう………………小さじ⅙
  └ 塩………………………少量
片栗粉…………………………大さじ1
水………………………………大さじ2
卵………………………………1個
酢………………………………大さじ1
ラー油…………………………小さじ2

作り方
1. 豚肉、たけのこ、長ねぎはせん切り、豆腐は細く切る。えのきたけは根元を切り、半分の長さに切る。
2. 豚肉は塩、こしょうを混ぜ合わせ、片栗粉をふる。
3. 鍋にAを入れて煮立て、豚肉をほぐしながら加える。たけのこ、えのきたけも加える。

香味ラーメン

香味野菜はたっぷりのせるのがおすすめ。ふっくらの麺にシャキシャキの野菜がアクセントをつけてくれます。

材料(2人分)
蒸し中華麺……………………2玉
万能ねぎ………………………4本
香菜の葉………………………4本分

作り方
1. 中華麺は熱湯をかけてほぐす。
2. せいろにオーブンペーパーを敷き、中華麺を入れる。
3. 万能ねぎは3cm長さに切り、香菜は葉をつむ。

まとめて蒸す

【スワンラータン】の鍋を強火にかける。蒸気が上がったら中火にし、【手羽先の香味じょうゆ蒸し】のせいろをのせ、ふたをし、10分蒸す。いったんふたを取って【香味ラーメン】のせいろを重ね、ふたをし、さらに10分蒸す。蒸し上がったらせいろを外し、【スワンラータン】の鍋に長ねぎ、豆腐、Bを入れ、水溶き片栗粉でとろみをつける。溶いた卵を回し入れてかきたまにし、酢、ラー油を加えて混ぜ合わせる。【香味ラーメン】に万能ねぎ、香菜をのせる。

岩﨑啓子 いわさき けいこ

料理研究家・管理栄養士。
料理研究家のアシスタントを経て、料理研究家に。雑誌、書籍、メニュー開発、料理教室などで、和・洋・中・エスニックなどジャンルを問わず、簡単に作れて美味しく、体にやさしい家庭料理を提案している。さっぱりしながらもメリハリのきいた和ベースの味は、老若男女問わず大好評。
著書には『蒸しなべレシピ』『せいろで蒸す』『いろいろ蒸す』『炊飯器ひとつで！たちまちCooking』（小社刊）、『365日和のおかず』（永岡書店）、『親に届ける宅配ごはん』（女子栄養大学出版部）などがある。

Staff

撮影❀原務
デザイン❀GRiD（釜内由紀江、五十嵐奈央子、石神奈津子）
料理アシスタント❀上田浩子、金井さやか
校正❀金剛由生子
編集・スタイリング❀坂本敦子

本書の内容に関するお問い合わせは、お手紙かメール（jitsuyou@kawade.co.jp）にて承ります。恐縮ですが、お電話でのお問い合わせはご遠慮くださいますようお願いいたします。

せいろ蒸し大全

2021年 4 月30日　初版発行
2024年12月30日　　8 刷発行

著　　者　　岩﨑啓子
発 行 者　　小野寺優
発 行 所　　株式会社河出書房新社
　　　　　　〒162-8544
　　　　　　東京都新宿区東五軒町2-13
　　　　　　電話　03-3404-1201（営業）
　　　　　　　　　03-3404-8611（編集）
　　　　　　https://www.kawade.co.jp/
印刷・製本　TOPPANクロレ株式会社

Printed in Japan　ISBN978-4-309-28875-8